VOLTAIRE A FERNEY

EUGÈNE NOEL

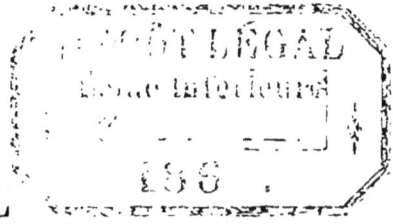

VOLTAIRE

A FERNEY

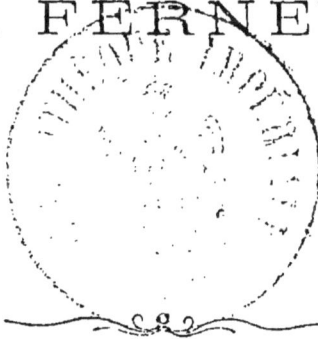

ROUEN

IMPRIMÉ PAR D. BRIÈRE ET FILS

RUE SAINT-LÒ, N° 7

1867

VÔLTAIRE A FERNEY

> J'avoue que les jésuites me
> damneront ; mais Dieu, qui
> n'est ni jésuite, ni janséniste,
> ni calviniste, ni anabaptiste,
> ni papiste, me sauvera.
>
> (Voltaire, lettre à M. Tron-
> chin, de Lyon, 8 décembre
> 1760.)

I.

L'avénement de Voltaire à la royauté
morale ne date ni de la *Henriade*, ni de
Charles XII, ni de *Zaïre*, ni du *Siècle de
Louis XIV*, ni même de sa tragédie de *Ma-
homet ;* il date de son installation à Ferney.
C'est à partir de ce moment que, renonçant à
sa vie purement littéraire, se faisant à la fois

agriculteur, manufacturier, commerçant, armateur, etc., il devient « le roi Voltaire. » Ses grandes œuvres ne seront pas des livres, mais des actions, et il fera faire au genre humain tout entier un pas immense dans les voies de la justice et de la lumière.

Le sentiment populaire et même la haine de ses ennemis ne s'y sont pas trompés: ils l'ont appelé, avec admiration ou colère, le patriarche de Ferney; ce nom lui restera.

Toute la partie de sa vie qui a précédé, depuis sa naissance jusqu'à l'âge de soixante-et-un ans, n'importe que parce qu'on y peut voir de quelle manière, par sa propre nature et par les circonstances, il fut préparé à jouer un rôle de cette importance.

C'est en 1755 qu'eut lieu son installation à Ferney. Il venait de traverser la période la plus douloureuse de sa vie : quatre ans plus tôt, il avait failli mourir de chagrin au moment où Mme du Châtelet lui fut enlevée d'une manière si tragique. Mais rappelons les faits principaux de la vie de Voltaire, faits qui certainement furent les préludes de tout ce que nous verrons par la suite.

Fils, comme on sait, d'une femme de beaucoup d'esprit et d'un père qui avait été notaire et trésorier du roi, il entra, ses étu-

des achevées, chez un procureur ; il s'initia
très vite aux détails de la procédure, et nous
verrons que toute sa vie il s'en souviendra
parfaitement. Le jeune légiste reparaîtra
dans les grands procès où vont être vain-
cus juridiquement le fanatisme et la barbarie. Une brouille avec son père le força de
quitter Paris. Grâce aux recommandations
d'un parrain fort répandu dans le monde,
l'abbé de Châteauneuf, il vécut pendant près
de deux ans de château en château ; il se
lia ainsi d'amitié avec ce que la noblesse
d'alors comptait de plus illustre. Cette pé-
régrination, pour lui fort instructive, fut
suivie d'un séjour en Hollande ; il apprit là
ce que peut le commerce pour la grandeur
d'un peuple. Il fut enchanté de ce qu'il vit
à Amsterdam, et nous verrons bien que
l'habile négociant de Ferney avait su profiter de son séjour dans ce riche pays.
A peine rentré à Paris, il se vit, pour le
plus léger des prétextes, emprisonné onze
mois à la Bastille ; après quoi il dut quitter
de nouveau la France et se réfugier en An-
gleterre. Il y resta trois ans ; il apprit à
Londres des choses fort nouvelles pour un
jeune Français de ce temps-là.

Ce qui lui plaisait surtout dans ce pays,
et ce qu'il désirait voir s'étendre à d'autres

contrées, ce fut cette liberté de la presse; ce fut ce parlement, où huit cents personnes avaient le droit de parler en public et de soutenir les droits de la nation; ce fut la loi du jury, le droit accordé à tout citoyen d'avoir un avocat pour le défendre; ce fut le respect de la propriété, le respect des personnes. A Londres, la fantaisie des ministres et même du monarque était impuissante à faire arrêter un citoyen sans l'intervention préalable de la justice et de la loi.

« Cela s'appelle des prérogatives, disait-il, et en effet, c'est une très grande et très heureuse prérogative, par-dessus tant de nations, d'être sûr en vous couchant que vous vous réveillerez le lendemain avec la même fortune que vous possédiez la veille; que vous ne serez pas enlevé des bras de votre femme et de vos enfants, au milieu de la nuit, pour être conduit dans un donjon ou dans un désert... »

Ce qu'il admira encore, ce fut la Société Royale de Londres, composée des savants anglais les plus illustres. Dans cette assemblée Robert Boyle avait exposé ses découvertes, Harvey avait démontré la circulation du sang, Wren et Wallis exposaient leurs

savants calculs, Halley ses découvertes as-
tronomiques, Newton faisait connaître la
loi sublime qui règle la marche des mondes;
le roi, le peuple ne dédaignaient pas de
choisir dans cette société leurs plus impor-
tants dignitaires. Par toute l'Europe, les
savants, les philosophes, les grands inven-
teurs languissaient dans la pauvreté et
l'humiliation, et plus souvent encore étaient
persécutés; mais il voyait à Londres:

Newton, directeur des monnaies et
membre du parlement;
  Locke, à la tête du bureau du commerce ;
  Addisson, ministre ;
  Prior, ambassadeur ;
  Steele, membre du parlement ;
  Wanbruck, membre du parlement, etc.

Lorsque, trente ans plus tard , Voltaire
écrira, à Ferney, *le Dictionnaire Philosophique*
et ses brochures politiques, nous verrons si
le souvenir lui était resté présent de ce
qu'il avait vu de l'autre côté de la Manche.

De retour en France et obligé de se ca-
cher à Rouen , puis à Déville , il y reprend ses travaux littéraires ; mais de plus
en plus la littérature tourne avec lui à la
philosophie pratique, à l'action : ses œuvres en apparence les plus littéraires sont

des machines de guerre contre le vieux monde. Cependant on peut dire que jusqu'ici Voltaire n'est encore qu'un taquin, un gamin, un écolier de génie; mais, à Ferney, nous le verrons, en possession de toute sa force, attaquer corps à corps le fanatisme, la féodalité, et finalement les vaincre. Au moment de sa vie où nous sommes arrivés, il vient de donner *Zaïre*; le succès fut un des plus grands qu'il y ait jamais eu au théâtre. Cette œuvre fut comme le signal d'une révolution dans la vie de Voltaire : c'est l'époque de sa liaison avec Mme du Chatelet. Une seule femme, il l'a dit lui-même, lui avait fait perdre quelques heures dans sa jeunesse : c'était Mme de Villars. Son amitié pour Mme du Chatelet ne fit que le pousser au travail : elle avait le goût des mathématiques, il se livra avec elle à l'étude des sciences, à l'astronomie, à la physique et à la chimie. Ils s'enfermèrent ensemble dans une charmante vallée, entre Lorraine et Champagne, au château de Cirey, et ils y restèrent treize ans, c'est-à-dire jusqu'à la mort de Mme du Chatelet. Mais il y eut pour Voltaire plus que la mort d'une compagne : il sut à ses derniers moments qu'elle aimait Saint-Lambert. On peut voir dans les mémoires de Lonchamp, valet de chambre de Voltaire, cette cruelle tragédie.

Trahi de ce côté, malade, croyant à sa fin prochaine, sans cesse menacé ou de la Bastille ou d'un nouvel exil, il se trouvait, s'il continuait son œuvre, n'avoir point en Europe de plus puissant appui que le roi de Prusse, Frédéric II ; celui-ci, par les lettres les plus pressantes, les plus amicales, l'engageait à venir se fixer près de lui. Voltaire se décida enfin à partir. On sait ce que fut pour lui ce séjour à Berlin : Alcine-Frédéric ne tarda pas à se changer en Denis-le-Tyran. Voltaire vit à Postdam une de ses œuvres brûlées par la main du bourreau, on lui vola par ordre du roi ses manuscrits, son argent, et il y fut mis en prison. Après trois ans de ces persécutions, il revint en France plus accablé qu'au départ ; il était malade et se réfugia quelque temps à Plombières ; puis, autant pour fuir le monde que pour travailler à son grand ouvrage : *Essai sur l'Esprit et les Mœurs des Nations*, il s'enferma quelques mois dans l'abbaye de Senones, près du tranquille et aimable dom Calmet, qui avait réuni là une des bibliothèques les plus riches du monde en documents historiques. Mais où aller au sortir de là ? La France lui était fermée, il venait

de s'enfuir de la Prusse, certaines in-
fluences politiques lui rendaient l'Angle-
terre fort douteuse, l'Europe lui était véritablement fermée. C'est alors que, malgré
tout, reprenant courage et se remettant à
l'œuvre, il eut l'incroyable idée de se créer
à lui-même un royaume. Une circonstance
imprévue vint d'ailleurs lui rendre quelque sécurité et quelque confiance en lui-
même. Etant allé à Lyon, où le duc de Ri-
chelieu l'avait appelé pour une entrevue, il
y reçut du public un si brillant accueil,
surtout au théâtre, on y fit éclater une telle
joie de sa présence, il fut si pressé, si ap-
plaudi de la foule, de telles acclamations
éclatèrent sur son passage, qu'il vit bien
que la France est le vrai pays du bon sens.
Ce qui le combla de joie dans son propre
triomphe, ce fut de voir quels progrès l'esprit public avait faits en faveur de la philosophie.

A la vérité, M. le cardinal de Tencin, ar-
chevêque de Lyon, fut indigné de ces ova-
tions décernées à l'illustre voyageur, mais
celui-ci s'en soucia peu.

Le roi et le royaume savaient donc sa
rentrée en France ; cependant l'ordre de
repartir, qu'il avait redouté d'abord, ne venait pas. En effet, il n'avait point été pro-

noncé contre lui de sentence d'exil. Il reprenait donc bon courage ; toutefois il laissa bien voir que son projet n'était pas de revenir à Paris, mais de s'établir dans quelque retraite la plus solitaire possible.

Mais où trouver cette retraite ? Il chercha quelque temps dans les Vosges ; il ne voulait, disait-il, qu'un abri pour y mourir en paix ; s'il ne mourait pas, un désert au milieu des Alpes lui suffisait pour fonder sa royauté spirituelle.

S'il vivait, il sentait bien qu'après avoir si longtemps écrit, il allait maintenant agir. Cesserait-il de croire pour cela à l'influence de la parole sur les sociétés humaines ? Ne croirait-il plus à la puissance du livre ? Il allait, au contraire, écrire plus que jamais ; et quant aux livres, écoutez de quelle manière il en parlera tout-à-l'heure dans *le Dictionnaire Philosophique* :

« Vous méprisez les livres, vous dont toute la vie est employée dans les vanités de l'ambition et dans la recherche des plaisirs ou dans l'oisiveté ; mais songez que tout l'univers connu n'est gouverné que par des livres, excepté les nations sauvages. »

Il allait, en redoublant par son exemple

l'activité de l'Europe, en émancipant le commerce et l'industrie, en créant même des industries nouvelles, faire entrer la littérature, elle aussi dans, des voies dont elle était fort deshabituée. C'est à Ferney qu'il écrivit ses romans, ses contes en vers, ses pamphlets politiques et religieux, et enfin ses plaidoyers dans les procès qui resteront sa vraie gloire. Citons cette note en faveur des serfs du Jura :

Nouvelle requête au roi et à son conseil pour les habitants de Longchaumois, Morez, Morbier, Belle-Fontaine, les Rousses, Bois-d'Amont, etc., en Franche-Comté.

Sire,

Douze mille sujets mouillent encore de leurs larmes les pieds de votre trône. Les habitants de Longchaumois sont prêts à servir Votre Majesté, en faisant de leurs mains, à travers les montagnes, le chemin que Votre Majesté projette de Versoix et de la route de Lyon en Franche-Comté ; ils ne demandent qu'à vous servir. Le chapitre de Saint-Claude, ci-devant couvent des Bénédictins, persiste à vouloir qu'ils soient ses esclaves.

Ce chapitre n'a point de titres pour les réduire en servitude, et les suppliants en ont pour être libres. Le chapitre a pour lui une prescription d'environ cent années. Les suppliants ont en leur faveur le droit naturel et des pièces authentiques déjà produites devant Votre Majesté.

Il s'agit de savoir si ces actes authentiques doivent relever les suppliants de la faiblesse et de l'ignorance qui ne leur ont pas permis de les faire valoir, et si la jouissance d'une usurpation pendant cent années communique un droit au chapitre contre les suppliants. La loi étant incertaine et équivoque sur ce point, les habitants susdits ne peuvent recourir qu'à Votre Majesté, comme au seul législateur de son royaume ; c'est à lui seul de fixer, par un arrêt solennel, l'état de douze mille personnes qui n'en ont point.

Votre Majesté est seulement suppliée de considérer à quel état pitoyable une portion considérable de ses sujets est réduite :

1° Lorsqu'un serf du chapitre passe pour être malade, l'agent ou le fermier du chapitre commence par mettre à la porte la veuve et les enfants et par s'emparer de tous les meubles. Cette inhumanité seule dépeuple la contrée.

2° L'intérêt du chapitre à la mort de ces malheureux est tellement visible, que voici ce qui arriva le mois d'avril dernier et qui mérite d'être mis sous les yeux de Votre Majesté :

Le chapitre, en qualité d'héritier, est tenu de payer le chirurgien et l'apothicaire. Un chirurgien de Morez, nommé Nicod, demanda, au mois d'avril, son paiement à l'agent du chapitre. L'agent répondit ces propres mots :

« Loin de vous payer, le chapitre devrait vous punir ; vous avez guéri, l'année dernière, deux serfs dont la mort aurait valu 2,000 écus à mes maîtres. »

Nous avons des témoins de cet horrible propos, nous demandons à en faire la preuve.

Nous ne voulons point fatiguer Votre Majesté par le récit avéré de cent désastres qui font frémir la nature; d'enfants à la mamelle abandonnés et trouvés morts sous le scellé de leur père; de filles chassées de la maison paternelle, où elles avaient été mariées, et mortes dans les environs au milieu des neiges; d'enfants estropiés de coups par les agents du chapitre, de peur qu'ils n'aillent demander justice. Ces récits trop vrais déchireraient votre cœur paternel.

Nous sommes enfermés entre deux chaînes de montagnes, sans aucune communication avec le reste de la terre. Le chapitre ne nous permet pas même des armes pour nous défendre contre les loups, dont nous sommes environnés. Nous avons vu, l'hiver dernier, nos enfants dévorés sans pouvoir les secourir; nous restons en proie au chapitre de Saint-Claude et aux bêtes féroces. Nous n'avons que Votre Majesté pour nous protéger.

Ce qui précède nous montre dans quelle vie nouvelle va entrer l'auteur de *Zaïre*; mais n'anticipons point: racontons dans leur ordre les principaux événements de cette existence du patriarche, et surtout gardons-nous bien à l'avenir de confondre la première et la seconde phase de la vie du grand réformateur. Sa grande action, comme celle de Socrate, eut ses temps de préparation. Le Socrate dont se moque Aristophane n'est point du tout le Socrate dont nous parleront plus tard Platon et Xénophon. Des rêveries métaphysiques, dont se moque avec tant de raison l'auteur des *Nues*, Socrate en était venu enfin au bon sens dans sa vieillesse. Le patriarche de Ferney n'en vint pas seulement au bon sens ; il fut, comme aucun homme ne l'avait été avant lui, animé d'un invincible sentiment de justice. A force d'expérience et de malheurs, désintéressé de lui-même, il n'aura plus d'autre souci que le salut général.

II.

Nous sommes en 1755, Voltaire a soixante-et-un ans ; le voici établi dans un vaste domaine, formé de plusieurs seigneuries achetées par lui et s'étendant sur les territoires de France, de Savoie, de Genève et de Suisse. Le voici donc habitant à la fois deux royaumes et deux républiques. Il eût fallu, pour l'exiler désormais, l'entente de toutes les puissances.

Ce magnifique domaine, unique au monde
par la beauté inexprimable de sa situation
et par cet avantage de faire son seigneur
citoyen de quatre nations, était composé des
seigneuries de Ferney, de Tourney, de Mou-
rion et d'une jolie maison de campagne si-
tuée sur le territoire de Genève, au bord du
lac, et qu'il appela *les Délices.*

La position était inexpugnable : on ne brû-
lait plus les philosophes ; il n'avait plus à
craindre que le poignard de quelque fanatique ; mais il y songea peu ; il était d'ailleurs entouré et gardé comme un roi. Le
voilà donc devenu un grand seigneur ter-
rien, enraciné, en quelque sorte, dans le sol
de quatre puissances ! *Je suis de toutes les nations,* écrivait-il. Pour la première fois il
éprouve la joie de se sentir tout-à-fait libre ;
il peut agir, parler. Il n'a guère écrit jusqu'ici qu'au nom de la philosophie, mais sa
voix va devenir celle de tous les muets de ce
monde, la voix des paysans, la voix des serfs.
Il sera, au centre de l'Europe, le laboureur
roi ; aussi quelle joie de cette installation !
Chevaux, bœufs, moutons, charrues, cha-
riots, il achète, sème, plante, défriche, bâtit tout un village ; il fait venir des colons,
crée des manufactures. Le voici dans sa
sphère de créateur et de réformateur : il

fait des plans, donne des ordres, voit la nature elle-même se transformer sous ses
yeux : un désert se change en une colonie
laborieuse et prospère. C'est pour lui l'au-
rore d'une existence nouvelle, existence heureuse qui lui permet de donner carrière à
toutes ses facultés ; c'est la vie humaine
dans toute sa plénitude, et c'est pour cette
vie, dit-il, que l'homme est né. Quand Dieu
créa Adam, il le mit dans un beau jardin,
ut operaretur eum, pour qu'il le cultivât.

Son bonheur, son enthousiasme éclatent
dans toutes ses paroles ; on le dirait rajeu-
ni. Il écrit à Thiriot : « Je me suis fait ma-
çon, charpentier, jardinier... »

Puis il ajoute en riant : « Nous sommes
occupés, Mme Denis et moi, à faire bâtir
des loges pour nos amis et pour nos pou-
les. Nous faisons faire des carrosses et des
brouettes ; nous plantons des orangers et
des oignons, des tulipes et des carottes.
Nous manquons de tout. Il faut fonder Car-
thage... Ma maison est dans le territoire
de Genève, et mon pré dans celui de France :
il est vrai que j'ai à l'autre bout du lac une
maison qui est tout-à-fait suisse... »

Il l'invite à venir passer au moins un an
aux bords de son lac : « Vous y serez, lui
dit-il avec la gaîté d'un jeune homme,

alimenté, désaltéré, rasé, porté de Prangin aux Délices, des Délices à Genève, à Morges, qui ressemble à la situation de Constantinople ; à Monrion, qui est ma maison près Lausanne ; vous y trouverez partout bon vin, bon visage d'hôte..., etc., etc. »

Le voici, plus que jamais, redevenu poëte :

Liberté ! liberté ! ton trône est en ces lieux !
. . . .
. . . .

Qu'il est doux d'employer le déclin de son âge,
Comme le grand Virgile occupa son printemps !
Du beau lac de Mantoue il aimait le rivage,
Il cultivait la terre et chantait ses présents.
. . . .

C'est la cour qu'on doit fuir, c'est aux champs
[qu'il faut vivre.
Dieu du jour, Dieu des vers, j'ai ton exemple à
[suivre :
Tu gardas les troupeaux, mais c'était ceux d'un roi ;
Je n'aime les moutons que quand ils sont à moi.
L'arbre qu'on a planté rit plus à notre vue
Que le parc de Versaille et sa noble étendue.
. . . .

Dans son enthousiasme il crée, en jouant, une littérature nouvelle, celle de ses charmants contes en vers et en prose : *Le Pauvre Diable*, *les Chevaux et les Anes*, *le Russe à Paris*, *Micromégas*, *Jeannot et Colin*, etc.

Il crée le style de ses admirables *Epîtres* :

En vain sur son crédit un délateur s'appuie,
Sous son bonnet carré, que ma main jette à bas,
Je découvre, en riant, la tête de Midas.
J'honore Diderot, malgré la calomnie ;
Ma voix parle plus haut que les cris de l'envie.
Les échos des rochers qui ceignent mon désert
Répètent après moi le nom de d'Alembert.

. . . .

On le voit écrire plus tard à Mme du Deffand :

« Si j'osais, je me croirais sage, tant je suis heureux. Je n'ai vécu que du jour où j'ai choisi ma retraite ; tout autre genre de vie me serait insupportable. Paris vous est nécessaire, il me serait mortel ; il faut que chacun reste dans son élément. Je suis très fâché que le mien soit incompatible avec le vôtre.....

» J'ai de très vastes possessions que je cultive..... Ma destinée était de finir entre un semoir, des vaches et des Genevois.....

» Voilà ma vie, madame, telle que vous l'avez devinée : tranquille et occupée, opulente et philosophique, et surtout entièrement libre. »

C'était de quoi faire mourir les envieux.

Que pensaient de cette vie heureuse Fréron,
Boyer, Berthier, La Beaumelle, Maupertuis,
les frères Pompignan et les jésuites Nonotte
et Patouillet ? Qu'en pensait-on à Versailles ?
Que pensaient tous ceux qui s'étaient ré-
jouis de ce que, vraisemblablement, il n'aurait bientôt plus un coin de terre pour se
réfugier en Europe ? La joie de voir ses
ennemis confondus, le triomphe de la philosophie en sa personne entraient pour une
grande part dans son bonheur. Il avait, en
effet, quelque droit d'être fier, celui qui
avait fait proclamer souveraines, par l'opinion publique, la Raison et la Justice, celui
qui, pour la première fois, donnait à l'Europe le spectacle d'un citoyen libre : libre
dans ses actions et dans sa parole. Et ce
n'est pas ici la liberté de parole accordée à
celui dont la pensée est esclave, c'est l'affranchissement de l'esprit humain, c'est la
proclamation de l'autorité suprême de
l'âme. — Que l'on comprenne bien ceci, et
que l'on s'explique comment la gloire de
Voltaire est restée si grande au milieu des
clameurs qu'a soulevées son œuvre !

III.

Le voilà donc seigneur de Ferney, de
Tourney, de Monrion, etc. Pour commencer, il plaide; il avait acheté la terre de
Tourney du président de Brosses. Celui-ci
profita de l'absence de l'acquéreur pour
ajouter un article au contrat; il en résulta
un procès que Voltaire gagna, je crois;
mais il ne s'en tint pas là.

Le président, homme de beaucoup d'esprit et très influent, était sur le point d'entrer à l'Académie française. Voltaire voulut
montrer, du fond de sa retraite, jusqu'où
pouvait aller sa puissance : il obtint de
faire fermer les portes de l'Académie au
président de Brosses.

Cette querelle donna lieu, parmi les dé-
sœuvrés, à une nouvelle avalanche de brochures, d'épigrammes et de quolibets; mais
Voltaire n'en prit que plus à cœur le soin
de sa colonie. Il fait venir de Genève des
artisans, principalement des horlogers; il
crée une école, bâtit une église, construit
un théâtre, où souvent il a Lekain pour acteur. On sait que Lekain lui devait sa for-

tune. Le célèbre tragédien avait été, dans sa jeunesse, apprenti orfèvre. Voltaire reconnut sa vocation sur un geste qu'il fit un jour en lui remettant une tabatière ; il lui donna ses premières leçons dans l'art de la déclamation (où il excellait lui-même), et il le fit entrer au théâtre. Depuis Baron (élevé par Molière) de tels accents pathéthiques n'avaient plus retenti sur la scène française.

L'auteur de *l'Essai sur les Mœurs* fondait donc, au milieu des montagnes du Jura, sur les bords du lac de Genève, dans un pays aussi fertile qu'admirable, une colonie à laquelle il donna pour base l'agriculture, l'industrie et la liberté. Il voulait que les arts y fussent en honneur, et il y bâtit un théâtre, où bientôt il jouera lui-même ses propres pièces. Dans le même temps, on le sait, il élève une église, à quel patron consacrée ? A celui qu'adorent tous les peuples, au Dieu éternel qu'il avait eu la joie, dans ses travaux historiques, de retrouver au fond de toutes les religions, au grand esprit de concorde, d'unité et de création, devant qui s'évanouissent toutes les sectes, ou plutôt devant qui toutes les religions se reconnaissent sœurs.

DEO EREXIT VOLTAIRE,

ces trois mots seront gravés au portail de

l'église de Ferney. Il ne se contenta pas de bâtir cette église, il y prêcha quelquefois. L'évêque d'Annecy voulut l'en empêcher ; mais Voltaire plaida et confondit l'évêque, en produisant un ancien titre, par lequel les seigneurs de Ferney avaient le droit d'admonester leurs vassaux à l'église.

Pendant qu'il bâtissait Ferney, il dut se tenir aux Délices. Mais tout allait vite avec lui, et la nouvelle maison ne tarda pas à être en état de le recevoir.

« La maison des Délices, disait-il, est jolie et commode. L'aspect en est charmant ; il étonne et ne lasse point. C'est d'un côté le lac de Genève, c'est la ville de l'autre. Le Rhône en sort à gros bouillons et forme un canal au bas de mon jardin ; la rivière d'Arve, qui descend de la Savoie, se précipite dans le Rhône. Plus loin, on voit encore une autre rivière. Cent maisons de campagne, cent jardins riants, ornent les bords du lac et des rivières. Dans le lointain s'élèvent les Alpes, et, à travers leurs précipices, on découvre vingt lieues de montagnes couvertes de neiges éternelles. »

Malgré les splendeurs d'une telle situation, Voltaire se plut toujours mieux à

Ferney, parce qu'il était là au milieu de sa colonie d'artisans et de laboureurs, qui l'adoraient. Il leur bâtissait des maisons à mesure que leur nombre augmentait ; il leur prêtait, pour s'établir, de l'argent sans intérêt. Il leur avait donné une église, un théâtre, une école ; il leur donna bientôt aussi un hôpital. Sa maison était comme une maison bénie, et toute créature, autour de lui, semblait être dans un monde enchanté.

En 1771, tout le pays de Gex fut en proie à la famine ; le seul village de Ferney fut épargné. Voltaire fit venir de Sicile du blé qu'il distribua à tous ses colons pour un prix au-dessous de celui du prix d'achat. Aussi ces braves gens, dont il faisait la joie, ne savaient quels témoignages lui donner de leur reconnaissance. A sa fête, le jour de Saint-François, c'étaient par tout le village des jeux, des illuminations, des feux d'artifice. Les jeunes gens se formaient en compagnies militaires et le venaient saluer, musique en tête, aux cris de : « Vive monsieur de Voltaire ! »

Les dimanches, ils venaient danser dans son château. Ils y trouvaient, dit le fidèle secrétaire Wagnière, toutes sortes de rafraîchissements. Il venait les voir dan-

ser, les excitait et partageait la joie de ces
colons, qu'il appelait ses enfants. Les jeunes
gens du village firent faire une médaille
d'or avec le portrait de M. de Voltaire, et
cette médaille fut donnée pour prix à celui qui montra le plus d'adresse à l'exer-
cice au fusil. Ses bontés s'étendaient bien
au-delà de ses domaines. Pour n'en citer
ici qu'un exemple, rappelons qu'après la
bataille de Rosback, il écrivit à son banquier
de Berlin de donner de sa part aux officiers français blessés et prisonniers l'argent
dont ils auraient besoin.

Quel noble emploi de la fortune !

« Il faut être économe dans sa jeunesse,
disait-il ; on se trouve dans sa vieillesse
un fonds dont on est surpris. C'est le temps
où la fortune est le plus nécessaire, c'est
celui où je jouis, et après avoir vécu chez
des rois, je me suis fait roi chez moi. »

IV.

Tout ce qu'il y avait d'illustre en Europe
voulut le visiter dans ses domaines, et il
avait quelquefois à sa table plus de trente
convives ; mais rarement paraissait-il au

milieu d'eux : il restait au travail, qu'il aimait de plus en plus. Son bonheur, sa vraie récréation, c'était de voir agir sous ses yeux ses artisans et laboureurs ; il n'était intraitable qu'aux paresseux et aux mendiants.

Le travail est mon Dieu, lui seul régit le monde ;
Il est l'âme de tout.....

Ceux qui l'avaient vu autrefois, au milieu du luxe de Cirey, étaient étonnés de la simplicité royale et champêtre de sa maison. Tout y peignait l'abondance, l'hospitalité, le goût des arts ; mais tout y était simple. Etait-on dans une ferme ? était-on chez un prince ? on ne l'aurait su dire. Ce qu'il y avait de certain, c'est qu'on était dans un lieu unique au monde.

Le musicien Grétry, qui le vint voir, rend compte ainsi de sa visite :

« Tout m'enchantait dans ce lieu charmant : les parterres, les bosquets, les animaux les plus rustiques me semblaient différents sous un tel maître. — Il semblait avoir transféré à Ferney le centre de la France. La correspondance continuelle qu'il entretenait avec les gens de lettres

était le journal qui l'instruisait chaque
jour des mouvements de la capitale. »

Lekain écrivait aussi de Ferney :

« C'est, en vérité, le plus touchant spectacle et même le plus intéressant... On
compte aujourd'hui dans le petit canton de
Ferney 1,300 habitants des deux sexes, tous
très bien occupés, bien logés, bien nourris,
vivant en paix et priant Dieu, dans leur dif-
férente communion, de conserver les jours
de leur fondateur ; leurs vœux sont trop
justes pour ne pas être exaucés, et véritablement M. de Voltaire jouit de la meil-
leure santé, en protestant toujours qu'il se
meurt, et qu'il n'a que quarante-huit heures à vivre... Il vient de faire des vers à la
reine, qui sont charmants et d'une fraîcheur
inconcevable pour son âge... Voilà, monsieur, tout ce que je puis vous faire parvenir de plus intéressant sur le patriarche de
notre littérature et le bienfaiteur de l'humanité. Le plus bel ornement de sa colonie
serait sans doute sa figure en marbre, posée
au milieu de ses jardins, et je ne conçois
pas pourquoi MM. les Encyclopédistes, em-
barrassés du lieu où ils en feront l'inau-
guration, ne nous l'envoient pas à Ferney :
ce serait Lycurgue au milieu des Spar-

tiates, ou bien Abraham au milieu de ses enfants. » *(Lettre inédite.)*

Ecoutons maintenant le prince de Ligne :

« Il fallait le voir à Ferney, animé par sa belle et brillante imagination, distribuant, jetant l'esprit, la saillie à pleines mains, en prêtant à tout le monde, porté à voir et à croire le beau et le bien, abondant dans son sens, y faisant abonder les autres, rapportant tout ce qu'il écrivait à tout ce qu'il pensait, faisant parler et penser ceux qui en étaient capables, donnant des secours à tous les malheureux, bâtissant pour de pauvres familles, et bonhomme dans la sienne, bonhomme dans son village, bonhomme et grand homme tout à la fois : réunion sans laquelle on n'est jamais complétement ni l'un ni l'autre, car le génie donne plus d'étendue à la bonté et la bonté plus de naturel au génie. »

V.

Au milieu de cette vie heureuse, croit-on qu'il ne va plus songer qu'à ses propres plaisirs et ne reprendre la plume que pour les amusements et pour la gloire littéraire ?

Nullement, car il y a des malheureux, et il
faut que sa voix se fasse entendre pour eux;
il y a des bourreaux, il faut qu'il les flé-
trisse; il y a des jugements iniques, il faut
qu'il les fasse casser; il y a des victimes,
il faut qu'on les réhabilite. A peine est-il
installé à Ferney, qu'il publie une *Requête à
tous les magistrats du royaume* : ce n'est plus
en son nom, ce n'est plus au nom de la
philosophie, qu'il parle, mais au nom de
paysans opprimés :

« La portion la plus utile du genre humain, celle qui vous nourrit, crie du sein
de la misère à ses protecteurs :

» Vous connaissez les vexations qui nous
arrachent si souvent le pain que nous pré-
parons pour nos oppresseurs mêmes. La ra-
pacité des préposés à nos malheurs n'est
pas ignorée de vous. Vous avez tenté plus
d'une fois de soulager le poids qui nous
accable, et vous n'entendez de nous que des
bénédictions, quoique étouffées par nos sanglots et par nos larmes.

» Nous payons les impôts sans murmure,
taille, taillon, capitations, double vingtième,
ustensiles, droits de toute espèce, impôts
sur tout ce qui sert à nos chétifs habille-
ments, et enfin la dîme à nos curés de tout

ce que la terre accorde à nos travaux, sans qu'ils entrent en rien dans nos frais. Ainsi au bout de l'année tout le fruit de nos peines est anéanti pour nous. Si nous avons un moment de relâche, on nous traîne aux corvées à deux ou trois lieues de nos habitations, nous, nos femmes, nos enfants, nos bêtes de labourage, également épuisées et quelquefois mourant pêle-mêle de lassitude sur la route...

» Tous ces détails de calamités accumulées sur nous ne sont pas aujourd'hui l'objet de nos plaintes. Tant qu'il nous restera des forces nous travaillerons : il faut ou mourir ou prendre ce parti.

» C'est aujourd'hui la permission de travailler pour vivre, et pour nous faire vivre, que nous vous demandons. Il s'agit de la quadragésime et des fêtes. »

Au dix-septième siècle, cette loi du chômage était respectée du peuple et assez généralement suivie. Mais au dix-huitième siècle, il y eut quelques résistances çà et là, ou tout au moins quelques hésitations. Les curés se récrièrent contre les progrès de l'irréligion. De pauvres gens furent traînés en prison, enlevés à leurs familles et ruinés à jamais, pour avoir donné quelques soins à leurs maigres récoltes au jour de la Purification, de la Visitation, ou de Saint-Mathias et de Saint-Barnabé.

Il s'agissait aussi du carême dans la *Requête à tous les magistrats*. Il n'y avait pas encore bien des années que des malheureux avaient été condamnés *à mort* pour avoir mangé un morceau de vieux lard, plutôt que de se laisser mourir de faim. Mais laissons la parole à celui qui prit la noble tâche de parler au nom de tant d'infortunés :

« Tous nos jours sont des jours de peine. L'agriculture demande nos sueurs pendant la quadragésime comme dans les autres saisons. Notre carême est de toute l'année. Est-il quelqu'un qui ignore que nous ne mangeons presque jamais de viande ? Hélas ! il est prouvé que si chaque personne en mangeait, il n'y en aurait pas quatre livres par mois pour chacune. Peu d'entre nous ont la consolation d'un bouillon gras dans leurs maladies. On nous déclare que, pendant le carême, ce serait un grand crime de manger un morceau de lard rance avec notre pain bis. Nous savons même qu'autrefois, dans quelques provinces, les juges condamnaient au dernier supplice ceux qui, pressés d'une faim dévorante, auraient

mangé en carême un morceau de cheval ou
d'autre animal jeté à la voirie... »

Puis il ajoute en note :

*Copie de l'arrêt sans appel, prononcé par le
grand-juge des moines de Saint-Claude, le 28
juillet 1629 :*

« Nous, après avoir vu toutes les pièces
» du procès, et de l'avis des docteurs en
» droit, déclarons ledit Guillou, écuyer,
» dûment atteint et convaincu d'avoir, le 31
» du mois de mars passé, jour de samedi,
» en carême, emporté des morceaux d'un
» cheval jeté à la voirie, dans le pré de
» cette ville, et d'en avoir mangé le 1er d'a-
» vril. Pour réparation de quoi, nous le
» condamnons à être conduit sur un écha-
» faud, qui sera dressé sur la place du
» marché, pour y avoir la tête tran-
» chée, etc. »

(Suit le procès-verbal de l'exécution.)

Voltaire a dit lui-même : « Après avoir
vécu chez des rois (allusion à son séjour
en Prusse), je me suis fait roi chez moi ;
je jouis... »

Mais *jouir*, pour lui, c'était faire du bien
aux hommes, c'était agir ; aussi, son acti-

rité s'était-elle augmentée avec le temps : chaque année semblait lui apporter des facultés nouvelles.

« Il semblait , dit son secrétaire Wagnière, que le travail fût nécessaire à sa vie. La plupart du temps nous travaillions dix-huit à vingt heures par jour. Il dormait fort peu et me faisait lever plusieurs fois la nuit. »

Pour commencer , nous le trouvons plaidant pour six pauvres gentilshommes, dépouillés de leur patrimoine , dans leur minorité, par les Pères de la compagnie de Jésus, dirigée alors par le père *Fesse*, qui la représenta en justice ; il fait rentrer dans leurs biens ces gentilshommes , et il écrit à Helvétius :

« Voilà une bonne victoire de philosophe. Je sais bien que frère Croust cabalera, que frère Berthier m'appellera athée ; mais je vous répète qu'il ne faut pas plus craindre ces renards que les loups de jansénistes, et qu'il faut hardiment chasser aux bêtes puantes. Ils ont beau hurler que nous ne sommes pas chrétiens, je leur prouverai bientôt que nous sommes meilleurs chré-

tiens qu'eux. « Je leur montrerai ma foi
» par mes œuvres avant qu'il soit peu. »

Ailleurs, il dit : « Je deviens Minos dans
ma vieillesse, je punis les méchants. »

Ce procès gagné, il plaide de nouveau
contre un curé de son voisinage, qui avait,
dans une affaire de femme, assassiné le fils
d'un habitant de Ferney. Dans un mémoire adressé au lieutenant criminel du
pays de Gex, au nom du père de la victime,
il disait, après avoir rendu compte de l'as-
sassinat : « Ce prêtre eut l'audace, le lendemain, de célébrer la messe et de tenir
son Dieu entre ses mains meurtrières. »
Mais ce qui l'indigne, c'est que les complices de l'assassin, payés par lui et aidés
par lui dans leur coup de main nocturne,
sont décrétés, « et celui qui les a corrom-
» pus, qui les a armés, qui les a conduits,
» qui a frappé avec eux, n'est qu'ajourné,
» parce qu'il est prêtre et qu'il a des pro-
» tecteurs... » Ce prêtre fut condamné aux
galères.

Voltaire a encore un autre procès ; mais
ce n'est plus lui qui attaque : il est accusé
par son propre curé, à qui il bâtissait une
église, d'avoir, pour la construction même
de cette église, *usurpé* un pied et demi du

cimetière, et d'avoir fait abattre un ancien
calvaire en bois pour bâtir le portail. Ce
qu'il y avait de plus grave, c'est qu'une
couturière, amie du curé, témoignait avoir
entendu M. de Voltaire donner l'ordre aux
ouvriers d'abattre le calvaire, en leur di-
sant : *Otez-moi cette potence !*

Voltaire, sur ce grief, écrit à son avocat
à Dijon : « Je suis bien aise de vous dire
que cette croix de bois, qui sert de prétexte
aux petits tyrans noirs de ce petit pays de
Gex, se trouvait placée tout juste vis-à-vis
le portail de l'église que je fais bâtir, de fa-
çon que la tige et les deux bras l'offus-
quaient entièrement, et qu'un de ces bras,
étendu juste vis-à-vis le frontispice de mon
château, figurait réellement une potence,
comme le disaient les charpentiers. On appelle *potence*, en terme de l'art, tout ce qui
soutient des chevrons saillants ; les chevrons
qui soutiennent un toit avancé s'appellent
potences ; et quand j'aurais appelé cette figure
potence, je n'aurais parlé qu'en bon archi-
tecte. »

Il gagna son procès, rit beaucoup et fit si
bien, que le curé de Ferney devint son ami
et lui servit de piqueur dans sa *chasse aux
bêtes puantes.*

D'Argental, à quelques jours de là, féli-

cite Voltaire de ce que ses procès sont enfin
terminés. — Comment, mes procès terminés ! répond-il ; Dieu m'en préserve !

Mais nous arrivons à 1762, Voltaire a
soixante-huit ans ; ce qui le préoccupe en
ce moment, c'est une horrible procession
de pénitents qui a lieu tous les ans à Toulouse, en mémoire d'un massacre de quatre
mille huguenots exécutés dans cette ville,
dix ans avant la Saint-Barthélemy, en 1562.
L'année 1762 se trouvait être l'année sécu-
laire, et l'on parlait de la célébrer par des
fêtes solennelles, que nous avons vu se
renouveler en 1862. Voltaire en frémissait
d'avance et s'apprêtait à flétrir cette ville.
Pour préparer plus dignement cette fête,
le parlement de Toulouse commença par
condamner à la corde un ministre protestant, dont tout le crime était d'avoir fait
au désert quelques baptêmes et quelques
mariages. Mais cet acte barbare n'était qu'un
prélude : le 9 mars, le même parlement fait
expirer sur la roue un protestant nommé
Jean Calas, négociant honorable, accusé par
les pénitents blancs d'avoir, dans sa soixante-
neuvième année, étranglé un fils de vingt-
huit ans, parce que ce fils, disait-on, était
à la veille de se convertir à la religion
catholique.

Un tel crime était-il possible ? On ne connaissait que deux exemples dans l'histoire de pères accusés d'avoir tué leurs fils pour la religion, et encore ces deux exemples étaient-ils tirés de *la Vie des Saints.* Voltaire dresse une enquête, écrit à Toulouse, prend connaissance des pièces, réinterroge les témoins, confronte les rapports et réussit à constater ce qui suit aux yeux de l'Europe attentive :

Jean Calas, âgé de soixante-huit ans (1), exerçait la profession de négociant à Toulouse depuis plus de quarante années, et était reconnu de tous ceux qui ont vécu avec lui pour un bon père. Il était protestant, ainsi que sa femme et tous ses enfants, excepté un, qui avait abjuré l'hérésie, et à qui le père faisait une petite pension. Il paraissait si éloigné de cet absurde fanatisme qui rompt tous les liens de la société, qu'il approuva la conversion de son fils Louis Calas, et qu'il avait depuis trente ans chez lui une servante zélée catholique, laquelle avait élevé tous ses enfants.

Un des fils de Jean Calas, nommé Marc-

(1) Ces détails, sauf un très petit nombre de suppressions, aujourd'hui sans importance, sont empruntés à Voltaire lui-même.

Antoine, était un homme de lettres : il passait pour un esprit inquiet, sombre et violent. Ce jeune homme ne pouvant réussir ni à entrer dans le négoce, auquel il n'était pas propre, ni à être reçu avocat, parce qu'il fallait des certificats de catholicité qu'il ne put obtenir, résolut de finir sa vie et fit pressentir ce dessein à un de ses amis ; il se confirma dans sa résolution par la lecture de tout ce qu'on a jamais écrit sur le suicide.

Enfin, un jour, ayant perdu son argent au jeu, il choisit ce jour-là même pour exécuter son dessein. Un ami de sa famille et le sien, nommé Lavaisse, jeune homme de dix-neuf ans, connu par la candeur et la douceur de ses mœurs, fils d'un avocat célèbre de Toulouse, était arrivé de Bordeaux la veille (12 octobre 1761) ; il soupa par hasard chez les Calas. Le père, la mère, Marc-Antoine, leur fils aîné, Pierre, leur second fils, mangèrent ensemble. Après le souper on se retira dans un petit salon ; Marc-Antoine disparut : enfin, lorsque le jeune Lavaisse voulut partir, Pierre Calas et lui, étant descendus, trouvèrent en bas, auprès du magasin, Marc-Antoine en chemise, pendu à une porte, et son habit plié sur le comptoir ; sa chemise n'était pas seulement dérangée, ses cheveux étaient bien peignés, il n'avait sur le corps aucune plaie, aucune meurtrissure.

Les cris de douleur et de désespoir du père et de la mère furent entendus des voisins. Lavaisse et Pierre Calas, hors d'eux-mêmes, coururent chercher des chirurgiens et la justice.

Pendant qu'ils s'acquittaient de ce devoir, pendant que le père et la mère étaient dans les sanglots et dans les larmes, le peuple de Toulouse s'attroupe autour de la maison. Ce peuple est superstitieux et emporté; il regarde comme des monstres ses frères qui ne sont pas de la même religion que lui. C'est à Toulouse qu'on solennise encore tous les ans, par une procession et des feux de joie, le jour où l'on y massacra quatre mille citoyens hérétiques, il y a deux siècles.

Quelque fanatique de la populace s'écria que Jean Calas avait pendu son propre fils Marc-Antoine. Ce cri répété fut unanime en un moment; d'autres ajoutèrent que le mort devait le lendemain faire abjuration, que sa famille et le jeune Lavaisse l'avaient étranglé par haine contre la religion catholique. Le moment d'après on n'en douta plus; toute la ville fut persuadée que c'est

un point de religion chez les protestants
qu'un père et une mère doivent assassiner
leur fils dès qu'il veut se convertir. Les esprits, une fois émus, ne s'arrêtent point. On
imagina que les protestants du Languedoc
s'étaient assemblés la veille; qu'ils avaient
choisi, à la pluralité des voix, un bourreau
de la secte; que le choix était tombé sur le
jeune Lavaisse; que ce jeune homme, en
vingt-quatre heures, avait reçu la nouvelle
de son élection et était arrivé à Bordeaux
pour aider Jean Calas, sa femme et leur fils
Pierre, à étrangler un ami, un fils, un frère!

Le capitoul de Toulouse, excité par ces
rumeurs et voulant se faire valoir par une
prompte exécution, fit une procédure contre les règles et les ordonnances. La famille
Calas, la servante catholique, Lavaisse, furent mis aux fers.

On publia un monitoire non moins vi-
cieux que la procédure. On alla plus loin :
Marc-Antoine Calas était mort calviniste et,
s'il avait attenté sur lui-même, il devait être
traîné sur la claie (d'après les lois d'alors
sur la mort volontaire) : on l'inhuma
avec la plus grande pompe dans l'église de
Saint-Etienne, malgré le curé, qui protes-
tait contre cette profanation.

Il y a dans le Languedoc quatre confré-

ries de Pénitents : la blanche, la bleue, la
grise et la noire. Les confrères portent un
long capuce avec un masque de drap percé
de deux trous pour laisser la vue libre. Les
confrères blancs firent à Marc-Antoine Calas un service solennel, comme à un martyr. Jamais aucune église ne célébra la fête
d'un martyr véritable avec plus de pompe.
Mais cette pompe fut terrible : on avait élevé
au-dessus d'un magnifique catafalque un
squelette qu'on faisait mouvoir, et qui re-
présentait Marc-Antoine Calas tenant d'une
main une palme et de l'autre la plume dont
il devait signer l'abjuration de l'hérésie, et
qui évrivait en effet l'arrêt de mort de son
père.

Alors il ne manqua plus au malheureux
qui avait attenté sur soi-même que la ca-
nonisation : tout le peuple le regardait
comme un saint, quelques-uns l'invo-
quaient, d'autres allaient prier sur sa tombe,
d'autres lui demandaient des miracles,
d'autres contaient ceux qu'il avait faits.

Quelques magistrats étaient de la confré-
rie des Pénitents blancs. Dès ce moment la
mort de Jean Calas parut infaillible.

Ce qui surtout prépara son supplice, ce
fut l'approche de cette fête singulière, que
les Toulousains célèbrent tous les ans en

mémoire d'un massacre de quatre mille huguenots...... On dressait dans la ville l'appareil de cette solennité : cela même allumait encore l'imagination échauffée du peuple. On disait publiquement que l'échafaud sur lequel on rouerait les Calas serait le plus grand ornement de la fête. On disait que la Providence amenait elle-même ces victimes, pour être sacrifiées à notre sainte religion. Vingt personnes ont entendu ces discours et de plus violents encore.

Treize juges s'assemblèrent tous les jours pour terminer le procès. On n'avait, on ne pouvait avoir aucune preuve contre la famille, mais la religion trompée tenait lieu de preuve. Six juges persistèrent longtemps à condamner Jean Calas, son fils et Lavaisse à la roue, et la femme de Jean Calas au bûcher. Sept autres, plus modérés, voulaient au moins qu'on examinât. Les débats furent réitérés et longs. Un des sept juges modérés (par un scrupule dont le motif l'honorait) crut devoir se récuser, et Jean Calas fut condamné à la majorité d'une seule voix.

Il paraissait impossible que Jean Calas, vieillard de soixante-huit ans, qui avait depuis longtemps les jambes enflées et fai-

bles, eût seul étranglé et pendu un fils
âgé de vingt-huit ans, qui était d'une force
au-dessus de l'ordinaire ; il fallait absolu-
ment qu'il eût été assisté dans cette exécution par sa femme , par son fils Pierre
Calas , par Lavaisse et par la servante. Ils
ne s'étaient pas quittés un seul moment le
soir de cette fatale aventure. Mais cette
supposition était encore aussi absurde que
l'autre ; car comment une servante, zélée
catholique, aurait-elle pu souffrir que des
huguenots assassinassent un jeune homme
élevé par elle, pour le punir d'aimer la religion de cette servante ? Comment Lavaisse serait-il venu exprès de Bordeaux
pour étrangler son ami, dont il ignorait
la conversion prétendue ? Comment une
mère tendre aurait-elle mis les mains sur
son fils ? Comment tous ensemble au-
raient-ils pu étrangler un jeune homme
aussi robuste qu'eux tous sans un combat
long et violent, sans des cris affreux qui
auraient appelé tout le voisinage, sans des
habits déchirés ?

Il était évident que , si l'infanticide avait
pu être commis, tous les accusés étaient
également coupables, parce qu'ils ne s'é-
taient pas quittés d'un moment; il était évident que le père seul ne pouvait l'être , et

cependant l'arrêt condamna ce père seul à expirer sur la roue.

Le motif de l'arrêt était aussi inconcevable que le reste. Les juges qui étaient décidés pour le supplice de Jean Calas persuadèrent aux autres que ce vieillard faible ne pourrait résister aux tourments, et qu'il avouerait, sous les coups des bourreaux, son crime et celui de ses complices. Ils furent confondus quand ce vieillard, en mourant sur la roue, prit Dieu à témoin de son innocence.

D'absurdités en absurdités, après le supplice du père, on condamna le fils, Pierre Calas, au bannissement. Mais on commença par le menacer dans son cachot de le traiter comme son père, s'il n'abjurait pas sa religion. C'est ce que ce jeune homme atteste par serment.

Pierre Calas, en sortant de la ville, rencontra un abbé convertisseur qui le fit rentrer dans Toulouse. On l'enferma dans un couvent de dominicains, et là on le contraignit à remplir toutes les fonctions de la catholicité.

On enleva les filles à la mère ; elles furent enfermées dans un couvent. Cette femme, presque arrosée du sang de son mari, ayant tenu son fils aîné mort entre

ses bras, voyant l'autre banni, privée de
ses filles, dépouillée de tout son bien,
était seule dans le monde, sans pain, sans
espérance.

. . . .

L'innocence une fois constatée par les
preuves les plus irréfragables, plus de repos pour Voltaire, plus de philosophie.
plus de travaux littéraires : il faut qu'il
réhabilite la mémoire du supplicié, qu'il
casse ce jugement, qu'il rende l'honneur à
sa veuve, à leurs autres fils, à ses filles,
et qu'il les réintègre dans ses biens !....
N'est-ce pas assez, juste ciel ! d'avoir perdu
leur père ? Les Calas sont sans asile, sans
secours et sans pain ; il vient à leur aîde.
En leur nom et à ses frais, il en appelle au conseil d'Etat pour la révision du
procès ; il écrit et surtout fait agir pour
eux auprès des ministres, auprès du roi,
auprès de madame de Pompadour. Il écrit
en leur nom, se substitue d'âme, de cœur,
d'activité, à cette famille malheureuse ; il
est à la fois comme la femme et les fils et
les filles de Calas ; mais il est surtout le
vengeur de l'innocence. C'est dans ce sentiment qu'il puise sa force, son intrépidité.
Pas d'autre occupation pendant trois ans
que de sauver les Calas. Dans cet inter-

valle, il ne lui échappe pas un sourire,
qu'il ne se le reproche comme un crime.
Du reste, pas de polémique, pas un mot
dur, pas une raillerie contre les juges, pas
même d'éloquence : son style ne fut jamais si simple. Son cœur s'est brisé, les
larmes ont coulé de ses yeux en écrivant
telle page ; ailleurs peut-être ses mains
ont frémi de colère ; mais il se contient,
parle bas, cache son génie, craint d'offenser
quelqu'un : il ne veut que sauver cette famille éperdue. Avec la patience d'une mère
qui défend ses enfants, il explique comment les huit juges qui ont voté la mort
de Calas ont pu se tromper ; même dans sa
correspondance avec ses amis, il ne les
accuse pas. Il écrit à d'Argental, le 21
juin : « Je suis persuadé de plus en plus
de l'innocence des Calas et de la cruelle
bonne foi du parlement de Toulouse,
qui a rendu le jugement le plus inique
sur les indices les plus trompeurs. » Il
fait taire sa propre pensée ; il pourrait
accabler le parlement de Toulouse, il ne le
fait pas. Ce n'est pas un succès d'éloquence
qu'il lui faut : c'est la vie, c'est l'honneur
des Calas.

Le spectacle de madame Calas *mourante
de l'excès de son malheur* ouvre le cœur de

Voltaire au plus grand sentiment de pitié qui soit entré jamais dans un cœur d'homme : il lui fait commencer à soixante-huit ans une nouvelle vie, celle de la commisération active pour les malheureux et les opprimés.

Il ne cherche plus le sublime et le trouve presque à chaque mot qu'il prononce ou écrit. Qu'on lise sa correspondance à cette époque, si l'on veut avoir le spectacle d'un grand cœur défendant une cause sainte.

Il écrit, dès le 27 mars, à d'Argental :

« Vous me demanderez peut-être pourquoi je m'intéresse si fort à ce Calas qu'on a roué : *c'est que je suis homme*, c'est que je vois tous les étrangers indignés, c'est que tous vos officiers suisses protestants disent qu'ils ne combattront pas de grand cœur pour une nation qui fait rouer leurs frères sans aucune preuve.

» Je me suis trompé sur le nombre des juges dans ma lettre à M. de la Marche. Ils étaient treize ; cinq ont constamment déclaré Calas innocent. S'il avait eu une voix de plus en sa faveur, il était absous. *A quoi tient donc la vie des hommes ?* à quoi tiennent les plus horribles supplices ? Quoi ! parce qu'il ne s'est pas trouvé un sixième

juge raisonnable, on aura fait rouer un
père de famille ! on l'aura accusé d'avoir
pendu son propre fils, tandis que ses quatre
autres enfants crient qu'il était le meilleur
des pères ! Le témoignage de la conscience
de cet infortuné ne prévaut-il pas sur l'il-
lusion de huit juges animés par une con-
frérie de Pénitents blancs qui a soulevé les
esprits de Toulouse contre un calviniste ?
Ce pauvre homme criait sur la roue qu'il
était innocent ; il pardonnait à ses juges,
il pleurait son fils, auquel on prétendait
qu'il avait donné la mort. Un dominicain,
qui l'assistait d'office sur l'échafaud, dit qu'il
voudrait mourir aussi saintement qu'il est
mort. Il ne m'appartient pas de condamner
le parlement de Toulouse, mais enfin il n'y
a eu aucun témoin oculaire ; le fanatisme
du peuple a pu passer jusqu'à des juges
prévenus. Plusieurs d'entre eux étaient Pénitents blancs ; ils peuvent s'être trompés.
N'est-il pas de la justice du roi et de sa pru-
dence de se faire au moins représenter les
motifs de l'arrêt ? Cette seule démarche
consolerait tous les protestants de l'Europe
et apaiserait leurs clameurs. Avons-nous
besoin de nous rendre odieux ? Ne pour-
riez-vous pas engager M. le comte de Choiseul à s'informer de cette horrible aventure,

qui déshonore la nature humaine ? Soit que
Calas soit coupable, soit qu'il soit innocent,
il y a certainement, d'un côté ou d'un autre, un fanatisme horrible, et il est utile
d'approfondir la vérité. »

Le 4 avril, il écrit à Damilaville :

« Jamais, depuis le jour de la Saint-Barthélemy, rien n'a tant déshonoré la nature
humaine. »

Le même jour, dans sa stupeur, il dit à
d'Argental :

« Rit-on encore à Paris ? »

Quelques jours plus tard il a la fièvre et
reste au lit.

Mais le 11 juin il écrit de nouveau à
d'Argental :

« Je me jette réellement à vos pieds et à
ceux de M. le comte de Choiseul. La veuve
Calas est à Paris, dans le dessein de demander justice : l'oserait-elle si son mari eût
été coupable ? Elle est de l'ancienne maison
des Montesquieu par sa mère (ces Montesquieu sont de Languedoc) ; elle a des sentiments dignes de sa naissance et au-dessus de son horrible malheur. Elle a vu son

fils renoncer à la vie et se pendre de désespoir, son mari accusé d'avoir étranglé son fils, condamné à la roue et attestant Dieu de son innocence en expirant; un second fils, acccusé d'être complice d'un parricide, banni, conduit à une porte de la ville et reconduit par une autre porte dans un couvent; ses deux filles enlevées; elle-même enfin interrogée sur la sellette, accusée d'avoir tué son fils, élargie, déclarée innocente et cependant privée de sa dot. Les gens les plus instruits me jurent que la famille est aussi innocente qu'infortunée. Enfin, si, malgré toutes les preuves que j'ai, malgré les serments qu'on m'a faits, cette femme avait quelque chose à se reprocher, qu'on la punisse; mais si c'est, comme je le crois, la plus vertueuse et la plus malheureuse femme du monde, au nom du genre humain, protégez-la! que M. le comte de Choiseul daigne l'écouter! Je lui fais tenir un petit papier, qui sera son passe-port pour être admise chez vous. »

Le 9 juillet, il écrit à un négociant de Marseille:

« Mandez-moi, monsieur, je vous en conjure, si la veuve Calas est dans le besoin. »

Et il ajoute :

« C'est renoncer à l'humanité que de traiter une telle aventure avec indifférence. »

26 juillet, à Damilaville :

« ..... L'horreur de Toulouse m'occupe plus que l'impertinence sulpicienne. Je vous demande en grâce de faire imprimer les pièces originales (du procès). M. Diderot peut aisément engager quelque libraire à faire cette bonne œuvre. Il nous paraît que ces pièces nous ont déjà attiré quelques partisans. Que votre bon cœur rende ce service à la famille la plus infortunée ! Voilà la véritable philosophie. »

Le 31 juillet, au même :

« Est-il possible qu'on n'imprime pas à Paris les mémoires des Calas ! Eh bien ! en voilà d'autres : lisez et frémissez. »

Le 7 août, à d'Argental :

« ..... Il faut que de bouche en bouche on fasse tinter les oreilles du chancelier ; qu'on ne lui donne ni repos, ni trêve ; qu'on lui crie toujours : *Calas! Calas !* »

Le 21 septembre, au marquis de Chauvelin :

« Cette affaire devient importante ; elle

intéresse les nations et les religions. Quelle satisfaction le parlement de Toulouse pourra-t-il jamais faire à une veuve dont il a roué le mari, et qu'il a réduite à la mendicité, avec deux filles et trois garçons, qui ne peuvent plus avoir d'état ? »

Le 9 janvier 1763, à l'occasion de la nouvelle année, il trouve quelques moments pour écrire à son vieil ami Cideville ; il lui parle aussi de l'affaire Calas et de l'appel en révision :

« Je soupire, lui dit-il, après le jugement, comme si j'étais parent du mort. »

Sa passion lui fait trouver le ton et les raisons qui conviennent pour émouvoir chacun. C'est ainsi qu'il fait dire au ministre Choiseul : « Voilà déjà sept familles (protestantes) qui sont sorties de France effrayées par l'affaire Calas. Avons-nous donc trop de manufacturiers et de cultivateurs ? » Avec quel soin il encourage les avocats, juges, rapporteurs !

Il écrit à d'Argental, le 19 février :

« On m'a mandé que l'affaire des Calas avait été rapportée par M. de Crosne, et qu'il a très bien parlé. Je vous assure que l'Europe a les yeux sur cet événement. »

Mais les choses ne vont point assez vite au gré de son impatience :

« Le sang me bout sur les Calas. Quand la révision sera-t-elle donc ordonnée ? »

Et six jours seulement après cette lettre, il écrit encore :

« Eh bien ! a-t-on enfin rapporté l'affaire des Calas? »

Enfin, le 7 mars (notons la date : c'était l'avant-veille du jour anniversaire du supplice de Jean Calas), l'affaire est rapportée au conseil d'Etat par M. de Crosne, et l'on prononce la révision du jugement de Toulouse.

« Il y a donc de la justice sur la terre , il y a donc de l'humanité ! » s'écrie Voltaire. (Lettre à Damilaville, 15 mars.)

A M. de Crosne :

« Monsieur,
» Vous vous êtes couvert de gloire... les philosophes doivent vous chérir, et les intolérants mêmes doivent vous estimer... »

Voici cette révision obtenue ! il s'agit maintenant de faire casser le jugement de Toulouse.

L'attention était plus que jamais fixée sur
ce procès, lorsque parut un livre qui, en
quelques jours, se trouva miraculeusement
dans toutes les mains. C'était, au sujet des
Calas, l'apparition de l'esprit nouveau des
nations, mais esprit venu du fond de l'histoire. Pas une créature opprimée qui n'y fît
entendre sa voix pour enseigner aux hommes la tolérance et la pitié. La puissance
de ce livre venait de sa douceur. Toute
plume tomba des mains, tout fit silence
avec respect pour écouter cette voix nouvelle et sacrée. La religion allait donc revenir sur la terre, le commerce recommencer
entre Dieu et les hommes ! La bonne nouvelle circulait de bouche en bouche parmi
les malheureux, surtout parmi les protestants, si persécutés alors. Tous lisaient
avec respect le saint livre.

Le titre était très simple, il portait seulement : *Traité sur la Tolérance ;* l'auteur n'a-
vait pas mis son nom, mais le nom de
Voltaire retentissait aux quatre vents de la
terre. Princes, monarques, peuples le lisaient au milieu d'une acclamation immense.

Et ce livre, ce long cri du cœur, cette voix
de la conscience éclatait pour sauver les
Calas ! pour sauver non seulement les Calas, mais pour arracher tous les innocents

à venir aux barbaries de la superstition et de l'ignorance. On crut entendre la mère de tous les opprimés, parlant en leur nom à la famille humaine et implorant pour eux justice et pitié.

Voltaire apparut là ce qu'il était véritablement : souverain pontife de la raison et de la justice. Aussi, à ce moment, le respect est immense pour sa personne et son nom. Plus d'ennemis ! Toute gloire s'incline devant cette gloire ; Rousseau offre de se réconcilier avec lui.

Les moins dignes des hommes en sont pour quelques instants renouvelés de cœur. Palissot, dans ce miracle, en vient à respecter les philosophes. Fréron lui-même, rougissant de son rôle, fait proposer au défenseur des Calas (par l'intermédiaire du libraire Panckoucke) une trève de quelques mois.

Quelle vengeance pour Voltaire ! Emporter ses ennemis dans le tourbillon de son bon cœur, et leur donner, par cette contagion de magnanimité, le meilleur moment de leur vie ! Amis, ennemis, tout était heureux de son propre bonheur, et l'humanité tout entière se sentit, grâce à lui, bénie.

Diderot, qui s'était fait par fanfaronnade

le héros de l'incrédulité, redevient naïf et
enfant devant un tel spectacle :

« Quand il y aurait un Christ, disait-il,
je vous assure que Voltaire serait sauvé. »

Par ces paroles, sans y songer, Diderot
replaçait le défenseur des Calas dans la vraie
tradition chrétienne. Le dévoûment du patriarche pour cette malheureuse famille
rendait plus vraisemblable à ses yeux la légende de l'Homme-Dieu.

Il faut ajouter que Voltaire lui-même se
servait de l'autorité du Christ contre les
hypocrites et les persécuteurs ; que, par une
interprétation nouvelle de la légende évan-
gélique, il préparait peut-être dans les religions chrétiennes une réforme que d'autres
temps devaient voir s'accomplir. Il s'écrie
tout-à-coup dans un moment pathétique :

« Si vous voulez ressembler à Jésus-Christ,
soyez martyrs et non pas bourreaux. »

Quelle révolution dans ces paroles ! et
que nous voilà loin du Christ tyrannique
du moyen-âge !...

Le livre de Voltaire fit le tour du monde ;
Franklin, quelques années plus tard, écrit
d'Amérique :

« *Le Traité de Voltaire sur la Tolérance* a pro-

duit sur le bigotisme un effet si subit et si
grand , qu'il l'a presque détruit. »

L'histoire des Calas est exposée tout entière dans ce livre ; ils devenaient ainsi
sacrés. Conserver un seul doute sur leur
innocence, c'eût été se mettre en dehors de
toutes les lois divines et humaines. L'issue
du jugement devenait donc certaine.

V.

Voltaire allait donner au dix-huitième
siècle sa plus belle journée.

Grâce à lui, la conscience avait triomphé
chez tous. Son âme, pleine du feu sacré,
eut quelques jours cette joie suprême de
ne sentir aucune résistance. Il goûta ce
bonheur, que lui seul a connu , d'avoir
mis un instant l'unanimité sur la terre :
l'unanimité de la raison et de la justice !

« Le jour arriva, dit-il lui-même, où l'innocence triompha pleinement... Tous les
juges, d'une voix unanime, déclarèrent la

famille innocente, tortionnairement et abusivement jugée par le parlement de Toulouse. Ils réhabilitèrent la mémoire du père. Ils permirent à la famille de se pourvoir devant qui il appartiendrait pour prendre ses juges à partie, et pour obtenir les dépens, dommages et interêts que les magistrats toulousains auraient dû offrir d'eux-mêmes.

» Ce fut dans Paris une joie universelle: on s'attroupait dans les places publiques, dans les promenades; on accourait pour voir cette famille si malheureuse et si bien justifiée; on battait des mains en voyant passer les juges, on les comblait de bénédictions. Ce qui rendait encore ce spectacle plus touchant, c'est que ce jour, 9 mars, était le jour même où Calas avait péri par le plus cruel supplice. »

Les magistrats eux-mêmes, on le voit, prenaient part avec l'Europe entière à cet enthousiasme. On ne reverra une telle joie en ce monde qu'au jour où tombera la Bastille.

Nous sommes ici au moment qui doit placer Voltaire au rang des plus grands hommes. Quoi qu'on fasse à l'avenir contre lui, cette journée, bénie du monde entier,

lui conservera le respect et la reconnaissance des peuples.

Avoir fait un seul jour la joie du monde,
cela ne s'oublie jamais , et c'est à ce signe
précisément que se connaissent les âmes
souveraines.

VI.

Cette joie d'un retour momentané vers
la justice malheureusement dura peu : le
fanatisme ne tarda pas à relever la tête.
L'affaire Calas n'était pas encore terminée,
lorsque éclata (toujours dans le Languedoc)
un nouveau procès criminel contre un
protestant de Castres, accusé d'avoir noyé
sa fille, que des religieuses , disait-on ,
avaient convertie.

Voici les détails :

« Un feudiste de Castres, nommé Sirven,
avait trois filles. Comme la religion de cette
famille était la prétendue réformée, on en-
lève entre les bras de sa femme la plus
jeune de leurs filles. On la met dans un

couvent, on la fouette pour lui mieux apprendre son catéchisme ; elle devient folle, elle va se jeter dans un puits, à une lieue de la maison de son père. Aussitôt les zélés ne doutent pas que le père, la mère et les sœurs n'aient noyé cette enfant. Il passait pour constant, chez les catholiques de la province, qu'un des points capitaux de la religion protestante est que les pères et mères sont tenus de pendre, d'égorger ou de noyer tous leurs enfants qu'ils soupçonneront d'avoir quelque penchant pour la religion romaine.

" L'aventure de la fille noyée parvient à Toulouse... On décrète Sirven, sa femme et ses filles. Sirven, épouvanté, n'a que le temps de fuir avec toute sa famille malade. Ils marchent à pied, dénués de tout secours, à travers des montagnes escarpées, alors couvertes de neige. Une de ses filles accouche parmi les glaçons, et, mourante, elle emporte son enfant mourant dans ses bras; ils prennent enfin leur chemin vers la Suisse. » (Voltaire, *Lettre à Damilaville.*)

Où vont-ils ? sinon vers le lieu sacré devenu l'asile de tous les malheureux (comme autrefois l'Eglise)? Ils vont à Ferney.

« Le même hasard qui m'amena les enfants de Calas veut encore que les Sirven s'adressent à moi. Figurez-vous, mon ami, quatre moutons que des bouchers accusent d'avoir mangé un agneau; voilà ce que je vis. Il m'est impossible de vous peindre tant d'innocence et tant de malheurs... »

Arrivés à Ferney, la première nouvelle qu'ils apprirent, c'est que le père et la mère sont condamnés au dernier supplice, et que les deux sœurs, déclarées également coupables, sont bannies à perpétuité; que leur bien est confisqué, et qu'ils ne leur reste plus rien au monde que l'opprobre et la misère.

Pour les sauver, ils n'y avait qu'un moyen, c'était qu'ils retournassent au milieu même des juges de Toulouse purger leur contumace et se présenter, afin d'être jugés en personne; mais, qui assurait que la mort ne serait pas de nouveau prononcée! Pouvait-on espérer que les parlements céderaient toujours à la voix de Voltaire? Déjà ils parlaient de l'atteinte portée à leurs prérogatives par ces appels à l'opinion publique et à l'autorité royale. Voltaire craignait, de son côté, que l'attention publique ne refusât de le suivre deux fois de suite sur un même terrain.

Il y avait d'ailleurs un autre écueil, très
grave en ce siècle : Sirven avait peu d'esprit ; il était si faible de tête, si abattu par
son malheur, qu'il ne faisait plus que pleurer ; à peine en pouvait-on tirer les éclair-
cissements nécessaires à sa propre défense.
Il était donc à craindre que l'on s'intéressât
peu à un homme qui savait si mal se re-
commander de sa propre personne. On sent
l'inquiétude de Voltaire de ce côté : il écrit
à son avocat, M. Elie de Beaumont, qui
avait plaidé pour les Calas et qui devait
défendre aussi la cause de Sirven : « Vous
ne trouverez peut-être pas dans ce malheureux père de famille la même présence
d'esprit, la même force, les mêmes ressources qu'on admirait dans Mme Calas. » Puis,
avec un sentiment de pitié sublime, il
continue :

« J'ai eu beaucoup de peine à calmer
son désespoir dans les longueurs et dans
les difficultés que nous avons essuyées
pour faire venir du Languedoc le peu
de pièces que je vous ai envoyées, les-
quelles mettent dans un si grand jour
la démence et l'iniquité du juge subal-
terne qui l'a condamné à la mort, et qui
lui a ravi toute sa fortune. Aucun de ses

parents, encore moins de ceux qu'on appelle *amis*, n'osait lui écrire, tant le fanatisme et l'effroi s'étaient emparés de tous les esprits.

» Sa femme, condamnée avec lui, femme respectable, qui est morte de douleur en venant chez moi ; l'une de ses filles, prête de succomber au désespoir : un petit-fils, né au milieu des glaces et infirme depuis sa malheureuse naissance : tout cela déchire encore le cœur du père et affaiblit un peu sa tête. Il ne fait que pleurer... »

Mais aucun de ces obstacles ne l'arrête, il faut qu'il sauve les Sirven, comme il a sauvé les Calas. Le voilà donc à soixante-et-onze ans qui recommence pour ces nouvelles victimes du fanatisme ce qu'il a fait pour les premières. S'il n'agit plus par le soulèvement de la conscience publique, il agira en intéressant à cette cause les princes, les rois, les gouvernements, qui tous d'ailleurs sont jaloux de s'illustrer avec lui et de se préparer une part dans les applaudissements qu'il va de nouveau soulever. L'impératrice de Russie, le roi de Pologne, le roi de Prusse, le roi de Danemark, le gouvernement de Berne, le landgrave de Hesse, la duchesse de Saxe-Gotha, la princesse de Nassau-Saarbruck, le margrave de

Baden, la princesse de Darmstadt, etc., envoient publiquement leurs offrandes à cette famille et prennent parti pour elle. Voltaire ne manque pas, par la bouche éloquente de M. de Beaumont, de faire résonner ces noms augustes aux oreilles des juges. Le roi de France ne peut se prononcer avant que son parlement n'ait rendu un arrêt définitif. Mais dans cet élan généreux des têtes couronnées, il ne peut rester en arrière, et accorde solennellement aux Calas réhabilités une gratification de trente-six mille livres.

Quant à Voltaire, grâce à sa charité ingénieuse, il sait persuader au parlement de Toulouse lui même qu'il mettra toute son attention à éviter l'éclat dans cette nouvelle affaire, qu'il ne fera pas appel à l'opinion publique, qu'il laissera à la conscience des juges de proclamer les premiers l'innocence de cette famille malheureuse, et il leur laisse entrevoir admirablement que ceci est un moyen pour eux de se réhabiliter eux-mêmes aux yeux du public et de reconquérir leur autorité compromise. Le conseil royal s'est couvert de gloire en cassant le jugement des Calas; ils peuvent acquérir la même gloire à leur tour, en jugeant équitablement les Sirven.

Qu'on me permette de citer la lettre qu'il

adresse à l'un des juges mêmes qui avaient condamné la famille Sirven par contumace, et devant qui elle devait reparaître :

« Ferney, 19 avril 1765.

» Monsieur,

» Je ne vous fais point d'excuse de prendre la liberté de vous écrire sans avoir l'honneur d'être connu de vous. Un hasard singulier avait conduit dans mes retraites, sur les frontières de la Suisse, les enfants du malheureux Calas ; un autre hasard y amène la famille Sirven, condamnée à Castres, sur l'accusation ou plutôt sur le soupçon du même crime qu'on imputait aux Calas.

» Le père et la mère sont accusés d'avoir noyé leur fille dans un puits par principe de religion. Tant de parricides ne sont pas heureusement dans la nature humaine ; il peut y avoir eu des dépositions formelles contre les Calas, il n'y en a aucune contre les Sirven. J'ai vu le procès-verbal, j'ai longtemps interrogé cette famille déplorable ; je peux vous assurer, monsieur, que je n'ai jamais vu tant d'innocence accompagnée de tant de malheurs : c'est l'emportement du peuple du Languedoc contre les Calas qui détermina la famille Sirven à fuir dès qu'elle se vit décrétée. Elle est ac-

tuellement errante, sans pain, ne vivant que
de la compassion des étrangers. Je ne suis
pas étonné qu'elle ait pris le parti de se
soustraire à la fureur du peuple, mais je
crois qu'elle doit avoir confiance dans l'é-
quité de votre parlement.

» Si le cri public, le nombre des témoins
abusés par le fanatisme, la terreur et le ren-
versement d'esprit qui put empêcher les
Calas de se défendre, firent succomber Calas le père, il n'en sera pas de même des
Sirven ; la raison de leur condamnation est
dans leur fuite. Ils sont jugés par contumace, et c'est à votre rapport, monsieur,
que la sentence a été confirmée par le parlement.

» Je ne vous cèlerai point que l'exemple
de Calas effraie les Sirven et les empêche
de se représenter. Il faut pourtant qu'ils
perdent leur bien pour jamais, ou qu'ils
purgent leur contumace, ou qu'ils se pour-
voient au conseil du roi.

» Vous sentez mieux que moi combien
il serait désagréable que deux procès d'une
telle nature fussent portés dans une année
devant Sa Majesté, et je sens comme vous
qu'il est bien plus convenable et bien plus
digne de votre auguste corps que les Sirven
implorent votre justice. Le public verra

que, si un amas de circonstances fatales
a pu arracher à des juges l'arrêt qui fit périr
Calas, leur équité éclairée, n'étant pas entourée des mêmes piéges, n'en sera que
plus déterminée à secourir l'innocence des
Sirven.

» Vous avez sous vos yeux toutes les pièces du procès; oserais-je vous supplier,
monsieur, de les revoir? Je suis persuadé
que vous ne trouverez pas la plus légère
preuve contre le père et la mère ; en ce
cas, monsieur, j'ose vous conjurer d'être
leur protecteur.

» Me serait-il permis de vous demander
encore une autre grâce ? C'est de faire lire
ces mêmes pièces à quelques-uns des magistrats, vos confrères. Si je pouvais être
sûr que ni vous ni eux n'avez trouvé d'autre motif de la condamnation des Sirven
que leur fuite, si je pouvais dissiper leurs
craintes, uniquement fondées sur le préjugé
du peuple, j'enverrais à vos pieds cette famille infortunée, digne de toute votre compassion ; car, monsieur, si la populace des
catholiques superstitieux croit les protestants capables d'être parricides par piété,
les protestants croient qu'on veut les rouer
tous par dévotion, et je ne pourrai rame-
ner les Sirven que par la certitude entière

que leurs juges connaissent leur procès et
leur innocence. J'aurais le bonheur de pré-
venir l'éclat d'un nouveau procès au conseil du roi, et de vous donner en même
temps une preuve de ma confiance en vos
lumières et en vos bontés. Pardonnez cette
démarche, que ma compassion pour les
malheureux, ma vénération pour le parlement et pour votre personne me font faire
du fond de mes déserts.

» J'ai l'honneur d'être avec respect, etc. »

Les choses ainsi disposées par lui avec
une habileté infinie pour le salut des Sirven, ceux-ci d'ailleurs tirés de la misère,
grâce à ces protections princières, et vivant
en lieu de sûreté, un nouveau procès
éclate, celui du général Lally, accusé d'a-
voir laissé prendre Pondichéry aux Anglais, par trahison ; on le condamne à
mort ; on le traîne au supplice, un baillon
dans la bouche... Voltaire avait connu
Lally autrefois ; il avait été témoin de sa
haine contre les Anglais, et il ne pouvait
croire qu'il leur eût, à prix d'or, livré
Pondichéry. Lally était un homme violent,
insociable, mais loyal et incapable de trahison. Voltaire entreprend donc de réhabiliter sa mémoire ; d'ailleurs, Lally avait un

fils; il voulut enlever à ce fils cette tache
d'être le fils d'un traître. Il mêle à tous ses
autres travaux déjà si nombreux celui d'é-
tudier dans ses moindres détails l'admi-
nistration du général pendant tout le temps
qu'il fut gouverneur de Pondichéry, et du-
rant la malheureuse guerre qu'il eut à soutenir contre les Anglais ; il examine toutes
les pièces du procès et reconnaît bientôt
que Lally, comme Calas, est innocent. Le
voici donc à l'œuvre pour la réhabilitation
du général, et il en sera occupé jusqu'au
dernier moment de sa vie. Il n'apprendra
cette réhabilitation que la veille de sa mort,
au milieu même de l'agonie, dont il sera
réveillé par cette nouvelle, qui lui fit prononcer sa dernière parole: « Je meurs
content ! »

Dans le temps même où le bourreau venait de trancher la tête à l'ancien gouverneur de Pondichéry, voici ce que l'on ap-
prenait d'abord à Ferney (centre d'obser-
vation) et de là par toute l'Europe:

Cinq jeunes gens d'Abbeville, coupables
d'avoir, par un temps de pluie, gardé le
chapeau sur la tête à cinquante pas d'une
procession de capucins qui traversait la
campagne, coupables d'avoir chanté de mau-
vaises chansons et lu de mauvais livres, ac-

cusés, mais faussement, d'avoir renversé un
crucifix de bois sur le pont d'Abbeville,
sont condamnés par un juge imbécile et
barbare à la torture, au supplice de la langue arrachée et à être jetés dans les flammes. Le plus âgé d'entre eux, le chevalier
de la Barre, avait dix-neuf ans ; le plus
jeune, quatorze. Ils appartenaient aux premières familles du pays. La Barre était le
fils d'un lieutenant-général des armées et
allié à la famille d'Ormesson. Une basse ja-
lousie d'amour et le fanatisme idiot d'un
évêque d'Amiens, voilà ce qui avait causé
leur perte. Deux d'entre eux seulement furent arrêtés (le plus âgé et le plus jeune),
les autres se sauvèrent et furent jugés par
contumace. Le chevalier de la Barre, condamné au dernier supplice, se pourvut au
parlement de Paris contre la sentence de
la sénéchaussée d'Abbeville, mais le parlement de Paris, frappé de cet aveuglement
cruel qui annonce la fin des institutions,
confirma la sentence à la majorité de deux
voix. C'était se précipiter volontairement
dans la même infamie que le parlement de
Toulouse. Le roi, Louis le *Bien-Aimé*, imploré
à genoux par une femme, par une religieuse,
abbesse respectée d'un couvent d'Abbeville
et parente du jeune de la Barre, resta impi-

toyable et se voua, comme son parlement
et tous les juges du royaume, à la malédic-
tion universelle. Le vertige s'emparait des
puissants : éperdus de sentir toute autorité
morale leur échapper, ils croyaient, en
face de la philosophie reine, ressaisir le pouvoir par la terreur ; ils ne saisissaient que
l'opprobre.

Les détails de cette procédure digne de
cannibales, étudiés par Voltaire, le font
tressaillir. Il est frappé d'une sorte de rage
contre les juges, mais cette rage est tempé-
rée par les larmes que lui fait répandre la
mort de ce jeune homme. Tout ce qu'il y a
de tendresse dans son cœur se soulève, et
c'est une fois encore la voix d'un père qui
se fait entendre, non plus à la vérité pour
redemander son enfant, mais pour crier
vengeance contre les bourreaux. Le monde
entier, grâce à lui, assiste à cette tragédie
sanglante. Les dernières paroles du jeune
La Barre sont recueillies, répandues, redi-
tes par toutes les bouches.

On l'avait ramené de Paris à Abbeville
pour le jour du supplice, dans une chaise de
poste escortée de cavaliers de la maréchaus-
sée déguisés en courriers (car la justice,
honteuse d'elle-même, se cachait). La voiture, pour détourner l'attention, entra dans

la ville par la porte opposée à celle de la
route de Paris. Le prisonnier n'en fut pas
moins reconnu ; il salua sans affectation
ceux qu'il connaissait. La population d'Abbeville et des environs, assemblée en foule
sur son passage, était consternée et trem-
blante. On respirait à peine ; de moment en
moment on croyait que sa grâce allait arriver ; on interrogeait avec anxiété tous les
courriers, espérant que chacun d'eux était
le porteur de la bonne nouvelle. Le peuple croyait encore à la justice du roi ; il
fallut cela pour le détromper.

Au milieu de la douleur générale, dit un
contemporain, la jeune victime montrait le
plus stoïque courage. Son confesseur, le
père Bosquier, dominicain, versait des larmes. De La Barre le pressait de dîner avec
lui : « Prenons un peu de nourriture, lui
disait-il, vous avez besoin de forces autant
que moi pour soutenir le spectacle que je
vais donner. » Le triste repas achevé, le
moment fatal approchait : « Maintenant prenons du café, lui dit-il gaîment, il ne
m'empêchera pas de dormir. »

En allant au supplice, il disait encore au
père Bosquier : « Ce qui me fait le plus de
peine en ce jour, c'est d'apercevoir aux croi-
sées des gens que je croyais mes amis. »

Parvenu au portail Saint-Vulfranc, où il devait faire amende honorable, il soutint avec fermeté qu'il n'avait pas offensé Dieu. Il refusa de réciter la formule qui lui fut présentée ; on la récita pour lui, et sur son refus de présenter sa langue, les bourreaux (en cela plus humains que les juges) ne firent que le simulacre de la brûler. En montant à l'échafaud, il laissa tomber une pantoufle sur l'escalier ; il descendit pour la reprendre et remonta avec la même tranquillité.

Cinq bourreaux avaient été réunis pour cette exécution :

« — Tes armes sont-elles bonnes ? dit-il à celui de Paris ; est-ce toi qui as tranché la tête au comte de Lally ?

» — Oui.

» — Tu l'as manqué ; ne crains rien, je me tiendrai bien et ne ferai pas l'enfant. »

Il se banda lui-même les yeux et reçut le coup fatal. Son corps fut précipité dans le bûcher.

On affecta de jeter dans le feu qui consumait son cadavre plusieurs livres de philosophie, entre autres les neuf volumes du *Dictionnaire Philosophique*. On crut inspirer la terreur aux philosophes, on espérait surtout, par cette menace ridicule, intimider le vieillard qui avait osé, disait-on, empiéter sur le droit des parlements.

Mais la voix de Voltaire n'éclata jamais avec tant de puissance : il renonce aux ménagements qu'il avait gardés jusque-là ; il ne donne plus aux juges, même publiquement, d'autre nom que celui d'*assassins en robe*. Un long cri de vengeance retentit du milieu de ses rochers et va jusqu'en Amérique éveiller les cœurs. Il fait de nouveau appel à toutes les puissances de la philosophie et de l'opinion. D'Alembert, alors le plus influent et le plus respecté des philosophes, devient le confident de sa douleur ; il lui écrit le 28 juillet 1766 :

« .... Voici le temps de rompre ses liens et de porter ailleurs l'horreur dont on est pénétré. Je n'ai pu parvenir à recevoir la consultation des avocats ; vous l'avez vue sans doute et vous avez frémi. Ce n'est plus le temps de plaisanter, les bons mots ne conviennent point aux massacres. Quoi ! dans Abbeville, des Busiris en robe font périr dans les plus horribles supplices des enfants de seize ans ! et leur sentence est confirmée malgré l'avis de dix juges intègres et humains ! et la nation le souffre !

» ..... Ici Calas roué, là Sirven pendu (1),
plus loin un bâillon dans la bouche d'un
lieutenant-général ; quinze jours après,
cinq jeunes gens condamnés aux flammes
pour des folies qui méritaient Saint-Lazare.»

. . ' ' . . . . ' ' . . .

Deux jours plus tard , le 30 :

« ..... Il m'a tant passé d'horreurs par
les mains depuis quelques jours, que je ne
sais plus ce que je vous ai écrit. Vous ai-je
mandé que j'avais obtenu de Frédéric une
gratification pour les Sirven ? Cette goutte
de baume sur tant de blessures faites à la
raison et à l'innocence m'a un peu soulagé,
mais ne m'a pas guéri. Je suis honteux d'être
si sensible et si vif à mon âge... Pardonnez à ma tristesse. Je viens de voir, dans la
Gazette de France, un article du tonnerre qui
a pulvérisé une vieille femme, et le tonnerre n'est point tombé sur les juges d'Abbeville ! »

(1) Sirven avait été condamné à être pendu ;
mais il ne le fut pas , grâce à l'intervention de
Voltaire ; sa femme et lui cependant n'en mou-
rurent pas moins des suites de ce procès, à moi-
tié hébétés. L'épouvante les avait anéantis.

Quelques jours plus tard, le 7 août, son cœur se brise :

« Un des plus grands malheurs des honnêtes gens, c'est qu'ils sont des lâches ! »

Cependant à quelques jours d'intervalle il reprend courage, il se remet à l'œuvre et s'écrie :

« Monstres persécuteurs! qu'on me donne seulement sept ou huit personnes que je puisse conduire, et je vous exterminerai. »

Nous l'avons vu prendre la défense des paysans de Sainte-Claude, des serfs du Jura, de Calas, de Sirven, de Lally, des martyrs d'Abbeville; dans le même temps et de la même manière, il défend Montbailli, il défend Martin, d'autres encore; il fait réhabiliter la mémoire d'un général anglais condamné à mort dans son pays, et qu'il eût sauvé s'il n'eût été prévenu trop tard de cette sentence cruelle ; mais voici ce qui achève de nous peindre son amour de la justice.

Un gentilhomme de vie assez déréglée, il est vrai, mais incapable d'une action criminelle, se trouve accusé par une famille de petits bourgeois de les avoir frustrés d'une

somme considérable. En un instant les cris
s'élèvent de toutes parts contre ce gentilhomme, nommé le comte de Morangiés.
Voltaire (car toute grande action produit
vite ses sots imitateurs) avait mis à la mode
les procès ; on ne cherchait plus à s'illustrer qu'en défendant l'innocence opprimée :
la défense du pauvre surtout contre la tyran-
nie et la cupidité des grands était devenue
une sorte de mot d'ordre. L'esprit de parti
s'en mêlant, on s'efforça de voir dans le
procès du comte de Morangiés et de ses
soi-disant victimes une manifestation de
la lutte de la noblesse contre le tiers-état,
et tous les gazetiers, à l'instant, de griffon-
ner contre M. de Morangiés. Un brouhaha
sans exemple étouffait ses paroles, tandis
qu'au contraire chacun répétait, appuyait,
exagérait les accusations portées contre lui
par cette famille bourgeoise. Voltaire avait
beau répéter :

« Il ne s'agit pas de parti, messieurs ; il
s'agit de justice ; il n'est point question ici
de la noblesse ni du tiers-état, il n'est
question que d'une affaire personnelle entre le comte de Morangiés, que personne
n'écoute, et ces petits bourgeois, que chacun
vante, sans examiner s'ils ne sont pas les

auteurs d'une grande friponnerie. » — Mais
la voix de Voltaire, cette fois, n'était point
écoutée. Les juges eux-mêmes étaient con-
tents de pouvoir une fois s'affranchir de son
influence. Cependant il ne s'était pas encore prononcé entre M. de Morangiés et ses
accusateurs ; mais voyant enfin celui-ci condamné et accablé, il se fait apporter toutes
les pièces, découvre la fraude des accusateurs, l'innocence du comte, et fait casser
encore cet arrêt, au milieu d'un étonnement
de la part du public, qui bientôt se change
en applaudissements.

Le même zèle, la même habileté, il les
emploie pour sauver les plus humbles. Il
importe peu que l'Europe ait ou n'ait pas
les yeux sur lui. En toute circonstance, écla-
tante ou secrète, il s'emploie tout entier.
Voici un trait de sa vie qui n'a été relevé
par personne.

Un pauvre domestique appelé Pichon,
qu'il ne connaissait pas, mais dont une parente était au service de Mme Denis, sa nièce,
meurt à Paris, laissant plusieurs orphelins
en bas-âge. Voltaire écrit aussitôt qu'on lui
envoie un de ces enfants, petit garçon de
dix ans. Voilà le petit Pichon en route.
Voltaire fait veiller sur lui dans le trajet,
comme s'il s'agissait d'un prince. Au mo-

ment où l'enfant doit arriver à Lyon, il écrit
à un riche banquier de cette ville : « Ce
pauvre petit arrive je ne sais comment ; il
est à la garde de Dieu. Je vous prie de le
prendre sous la vôtre. » Songez que l'on
était en plein été (au 29 juillet), et que les
dangers du voyage n'étaient pas considéra-
bles, sauf la fatigue, qui était extrême. Le
petit voyageur arriva donc à bon port. Mais
écoutez la suite : Au mois de novembre,
l'enfant tombe malade à Ferney. Voltaire
n'a pas de repos qu'il n'ait guéri le pauvre
orphelin ; il ne le perd pas de vue un instant, il note les moindres symptômes, et,
jour par jour, il écrit au plus célèbre mé-
decin de l'Europe, à Tronchin. Citons une
de ses lettres :

« Mon cher Esculape, mon petit malade,
après avoir pris sa seconde dose d'émétique
avant-hier, fut encore bien purgé et rendit
un paquet de vers, parmi lesquels il y en
avait un de six pouces de long. Je lui don-
nai une décoction de rue, de petite centau-
rée, de menthe, de chicorée sauvage, et,
pour adoucir la vivacité que cette tisane
pourrait porter dans le sang irrité par la
fièvre, je lui fis prendre, de demi-heure en
demi-heure, entre ces potions, une émul-

sion légère. La fièvre subsiste, continue avec
redoublement, mais moins violente. Il a
dormi un peu. La tête n'est point embar-
rassée, mais il y a toujours mal. Le bout de
la langue est du rouge le plus vif. Il s'en
faut beaucoup que l'œil soit net; il ne l'est
guère, je crois, dans ces maladies. La peau
n'est pas ardente. Ne conviendrait-il pas de
lui ôter sa tisane anti-vermineuse, qui peut
l'échauffer et continuer à délayer beaucoup
les humeurs? Il a toujours la bouche ou-
verte, et il lui est difficile de la fermer.

» J'entre dans tous ces détails ; je voudrais
sauver ce petit garçon... »

VII.

L'affaire Calas décida certainement des
dernières années de Voltaire, et contribua
à lui donner le grand rôle que nous le
voyons prendre à Ferney : il devint par cette
affaire le vrai justicier des peuples ; il lui
dut non seulement cette série d'actions
éclatantes qui devaient attirer sur lui l'at-

tention du monde entier, mais même ses
derniers écrits, écrits politiques et religieux,
où de la critique il passait à l'affirmation;
il avait mis en poudre tout l'ancien monde,
il fallait maintenant, du fond de son émotion, de sa pitié, tirer les vraies bases du
monde moderne.

On s'est souvent demandé comment Voltaire avait été amené à prendre la défense
des Calas, par qui les premiers détails authentiques de cette affaire lui avaient été
transmis. Mais jusqu'ici ce point est resté
assez obscur. Un avocat, M. de Végobre (Ch.
de Manoel de), avocat protestant en Languedoc, que la persécution avait contraint
de se réfugier à Genève, eut en ceci une
initiative qu'il importe de rappeler. Nous
devons ces détails et la curieuse pièce qu'on
va lire (absolumeut inédite) à l'obligeance
de l'excellent M. Clogenson, sans lequel
d'ailleurs cette pièce n'eût jamais existé.

M. Clogenson avait remarqué dans la correspondance de Voltaire qu'à plusieurs re-
prises, vers l'époque du procès Calas, il
parle d'un certain M. de Végobre, avec lequel
on voit bien qu'il était en relations suivies
à cette époque, sans que pourtant aucune
des lettres qu'il lui écrivit ne se retrouve
dans sa correspondance.

L'infatigable commentateur tâcha de retrouver en Suisse des parents de M. de Végobre; il apprit qu'un fils de l'ancien correspondant de Voltaire, était lui-même juge à Genève; il lui fit demander par un ami commun des détails sur les rapports qui avaient existé entre son père et le patriarche.

Voici la réponse que reçut cet ami, et qu'il s'empressa de transmettre à M. Clogenson :

« Vous désirez, monsieur et cher ami, que je vous expose ce que je sais sur la manière dont Voltaire a été amené à se charger de la cause des Calas. Vous m'avez entendu dire que la plupart des historiens, Lacretelle en particulier, qui ont rapporté ce beau trait de la vie de Voltaire, ont cité comme des faits ce qui n'était que des conjectures probables, qui se présentaient à leur imagination, quand ils voulaient exposer comment Voltaire avait été entraîné à se charger de faire triompher dans cette circonstance l'innocence et l'humanité sur la barbarie et le fanatisme. Mme Calas, dit Lacretelle, vint se jeter aux pieds de Voltaire. Ce fait est entièrement controuvé.

» Mais, me direz vous d'abord, qui êtes-

vous, pour oser prendre ce ton affirmatif?
Quels sont vos titres?

» J'étais un très jeune écolier quand cette
déplorable affaire commença. Mon père
était, comme vous le savez, né Français,
mais établi à Genève. Il avait conservé beaucoup de relations en France et était connu
pour s'intéresser vivement à tout ce qui
regardait le protestantisme en France. Vous
comprenez combien, lui et les autres Français, ses amis, qui vivaient à Genève, étaient
affectés des nouvelles qu'il recevait sur ce
malheureux procès. Entre ces amis, il en
était un, M. Debrus, qui avait connu per-
sonnellement le malheureux Jean Calas, avec
lequel il était lié d'affaires et d'amitié, chez
qui même il avait logé plus d'une fois
dans ses voyages. M. Debrus, qui avait à
Genève une existence fort honorable, avait
un cœur très chaud pour l'humanité, la
religion et l'amitié. Il apprit qu'après l'affreuse catastrophe arrivée à Toulouse, le
9 mars 1762 (1), la veuve Calas, ruinée, sans
secours, éperdue, respirant à peine, s'était
retirée à Montauban avec ses deux filles,
qui s'y étaient trouvées pendant le procès

---

(1) Le supplice de Jean Calas.

de leur famille. Ces trois dames étaient
réunies sans aucun moyen d'existence,
et on ajoutait que Mme Calas était dans
un état d'anéantissement moral complet.

» M. Debrus rassembla chez lui quelques
amis et compatriotes, au nombre desquels
était mon père. Ils ne pensaient pas qu'il
fût question d'autre chose que de préparer
une retraite pour les restes de cette famille
infortunée, en lui assurant les moyens
d'une honnête subsistance.

» Mon père, qui avait l'esprit vif et par-
fois hardi, dit dans cette assemblée :
« Il doit être question de bien autre
» chose ; il faut faire sonner bien haut
» le bruit de cette atroce injustice ; il
» faut recourir au roi, demander la cassa-
» tion de l'arrêt du Parlement de Toulouse
» et obtenir la réhabilitation des Calas ; et
» qui sait s'il n'en pourrait pas résulter
» quelque édit favorable aux protestants en
» général ? »

» Cette idée parut trop hardie à l'assemblée. Mon père insista ; il fit observer qu'un
esprit de tolérance commençait à s'établir
en France, que Voltaire en était le grand
apôtre, qu'il ne demandait que des occa-
sions pour développer et répandre ses prin-
cipes à ce sujet, que si on pouvait l'enga-

ger à employer les ressources de son esprit
et de son crédit en faveur des Calas, on
pouvait espérer du succès.

» L'assemblée fut ébranlée, et on conclut
qu'il fallait donc chercher à intéresser Voltaire.

» Je n'ai point su comment avaient été
faites les premières démarches auprès de
Voltaire. Mais j'ai ouï raconter à mon père
que Voltaire, voulant agir avec circonspec-
tion et ayant quelque défiance des rapports
qui lui venaient par une source toute protestante, avait écrit à un parlementaire de
Toulouse, pour lui demander des informa-
tions. Ce magistrat lui répondit, ou à peu
près (suivant ce qui m'est revenu): « Lais-
» sez cela, c'est de la canaille, vous n'en au-
» rez que du chagrin. » Voltaire fit connaître cette réponse à la personne qui s'était
chargée de lui présenter les sollicitations
des amis des Calas, et cette personne, en
communiquant cette nouvelle à ceux-ci,
leur assura qu'ils ne devaient rien espérer
de Voltaire.

» Ils furent d'abord consternés ; mais,
pénétrés qu'ils étaient de l'innocence des
Calas et de l'absurdité des arrêts prononcés
contre eux, « il n'est pas possible, dirent-ils,
» que les yeux de M. de Voltaire soient fer-

» més longtemps à une lumière aussi vive,
» faisons-la briller devant lui. » Voici le
moyen qu'ils employèrent.

» Mme Calas avait repris ses sens. Son ancien ami , M. Debrus, lui demanda de lui
écrire une lettre toute simple et sans pré-
tentions pour la forme, dans laquelle elle
lui racontât toutes les circonstances de la
soirée de son affreuse catastrophe. « Que
» cette lettre, lui écrivait-il , soit l'œuvre de
» vous seule, tant pour le fond que pour la
» forme. » Mme Calas, étant née Anglaise, ne
savait pas très bien le français et encore
moins l'orthographe; mais elle avait beaucoup de bon sens, et son esprit avait repris
une fermeté bien remarquable. Elle fit ce
que son ami lui demandait. Je me rappelle
avoir vu et tenu cette lettre en original.
Elle était de six ou huit pages, d'une écri-
ture très lisible; les idées étaient clairement
exposées, sans verbiage et sans prétention;
mais on reconnaissait au style, et surtout à
l'orthographe , que c'était l'ouvrage d'une
femme illettrée.

» Les amis de Genève furent frappés de la
conviction que cette lettre portait avec elle.
Il faut, disent-ils, l'envoyer à Voltaire, telle
quelle, sans commentaire.

» Un jour ou deux après cet envoi, Vol-

taire fit demander à M. Debrus de le recevoir à une heure qu'il lui assignait, en le
priant de réunir ses amis à cette heure-là.
Mon père fut fidèle à ce rendez-vous. Je
lui ai ouï raconter cent fois la scène dont
il fut témoin ; il imitait fort bien le ton et
l'action déclamatoire de Voltaire. Mon père
se trouvait donc souvent invité à donner
une répétition de cette scène. J'y assistai
plusieurs fois, j'en éprouvais une forte impression ; ainsi donc, quoiqu'il y ait plus de
soixante ans de cela, j'en ai le souvenir vif
et distinct.

» Voltaire donc, s'étant assis derrière une
table et entouré des amis de Calas, qui
avaient été convoqués, sortit un petit cahier
de son portefeuille : « Mes amis, dit-il pres-
» que en sanglottant, je n'ai pas dormi de
» toute la nuit : c'est l'innocence qui a parlé.
» La lettre de Mme Calas contient la vérité ;
» jamais le mensonge ne pourrait inventer
» un pareil langage. Il faut agir, il faut re-
» muer ciel et terre, et commencer à soule-
» ver le public en faveur de ces infortunés.
» Cette lettre de Mme Calas doit être connue
» et répandue. Voici ce que je me propose :
» c'est de faire imprimer ce que je vais vous
» lire, que j'ai dicté la nuit dernière. »

» Là-dessus il lut ou plutôt il déclama de

ce ton si remarquable que vous lui avez connu, la lettre de Mme Calas, qu'il avait un peu arrangée, en supprimant quelques longueurs et en corrigeant quelques fautes de style. Il en laissa cependant subsister assez pour constater l'originalité de la pièce.

» Si, pour cette lettre, Voltaire n'était qu'éditeur, il voulut aussi en même temps être auteur. Il se fit secrétaire du fils cadet de la famille, ouvrier pauvre et ignorant, qui, à raison de son absence, ne fut pas impliqué dans le procès et qui vivait caché aux environs de Genève. Voltaire feignit que ce jeune homme écrivait à sa mère une lettre qui contenait, bien sommairement, les *moyens* du procès, dont la lettre de Mme Calas contenait *les faits*.

» Ces deux petites pièces formèrent une brochure qui fut répandue avec profusion, surtout à Paris et à Versailles.

» L'explosion fut forte, et Voltaire fut lancé. Il prononça, avec l'avis unanime de tous les amis, que Mme Calas devait courir aux pieds du trône pour y crier : « Justice ! justice ! » On eut grand'peine à la déterminer à cette démarche hardie ; mais dès qu'elle eut fait les premiers pas, sa timidité et sa faiblesse disparurent. Aucune audience à solliciter ne l'intimida, et partout où elle se présenta , elle inspirait l'admiration et l'intérêt le plus vif.

» Voltaire se réunit aux amis de Mme Calas pour l'aider de sa bourse dans ses premières démarches et pendant tout le cours du procès. Mais ce fut surtout par ses directions, ses conseils, les chaleureuses recommandations auprès de ses amis qu'il lui donna (1), les écrits qu'il publia (2), qu'il mérite d'être cité comme le principal auteur du succès qui fut obtenu. Voilà une gloire pure et sans mélange, dont il jouissait avec délices. Je me rappelle que, lors de la nouvelle du succès définitif, mon père me conduisit , moi enfant, auprès du grand homme, et que j'eus la délicieuse sa-

---

(1) Entre ces premiers protecteurs que Mme Calas trouva à Paris, on doit citer Mme la duchesse d'Enville et sa famille, M. et Mme d'Argental, M. Damilaville et autres amis de Voltaire ; en particulier, les trois avocats M. Mariette , M. de Beaumont et M. Loiseau , qui consacrèrent leurs talents au service de la famille Calas.

(Note de M. de Végobre)

(2) J'ai la collection des billets que Voltaire écrivait à mon père sur cette affaire, pendant qu'elle se suivait à Paris. Nous avons aussi conservé ceux qu'il écrivait à M. Debrus.

(Note du même.)

tisfaction d'être témoin des visitations qu'ils se firent mutuellement.

» Des détracteurs de Voltaire ont cherché à ternir la gloire qu'il obtint dans cette occasion, en attribuant tout ce qu'il a fait à un sentiment de vanité. — Quelles preuves en avez-vous? leur dirai-je. Avez-vous quelque raison péremptoire pour empoisonner ainsi, par la supposition d'un motif secret, des actions qui vous paraissent dignes de tout éloge ? Pour moi, sans pouvoir nier que le désir de jouer un beau rôle fût sans influence sur l'esprit de Voltaire, j'oserais affirmer, d'après tout ce que j'ai su et tout ce que j'ai aperçu, que l'amour de l'humanité et l'horreur du fanatisme furent ses principaux et peut-être ses uniques motifs. Je pourrais citer, à l'appui de cette assertion, un autre événement qui a du rapport avec la malheureuse histoire des Calas, où Voltaire, déjà âgé de quatre-vingts ans, se porta avec zèle à protéger et à défendre l'innocence par un pur sentiment d'humanité. Mais ce serait une digression étrangère au but de cette lettre.

» Quelques années après son triomphe obtenu, c'est-à-dire en 1770, Mme Calas, avec ses deux filles et M. Duvoisin, chapelain de l'ambassade de Hollande à Paris,

fit un voyage en Suisse. On peut bien croire
que son premier soin fut d'aller porter ses
hommages à Ferney, et il est aisé d'imagi-
ner la réception que lui fit son généreux
protecteur. J'affirme que ce fut la première
fois que Mme Calas parut chez Voltaire.

» Voilà, mon cher ami, le petit exposé
que vous m'aviez demandé. Je l'ai écrit avec
la plus parfaite sincérité. Je ne crois pas
devoir suspecter ma mémoire, quel que soit
le temps qui se soit écoulé depuis celui où
j'étais témoin des faits que je rapporte.
Vous comprenez bien que je ne donne pas
comme ayant une vérité qu'on pourrait
appeler *judiciaire* tous les petits détails qui
se sont trouvés sous ma plume, tels que
les phrases que j'ai mises dans la bouche
des interlocuteurs que j'introduis dans mon
récit.

» Mais j'ose vous présenter ce récit
comme fondé sur la vérité *historique* la
plus rigoureuse.

» Agréez, etc.

» De Végobre, ancien juge. »

M. de Végobre le père, auquel on doit,
comme on vient de le voir, l'intervention
de Voltaire dans le procès Calas, mourut à
Genève en 1801 ; son nom, peu connu jus-

qu'ici, est un de ceux qui honorent la profession d'avocat. Le barreau français et le barreau genevois sauront sans doute faire que son beau rôle, à côté de Voltaire, dans l'affaire Calas, ne soit plus oublié. Ce dont surtout on doit lui savoir gré, c'est d'avoir senti que Voltaire, seul, avait assez de puissance pour faire rendre justice à des malheureux, opprimés au nom de la religion.

VIII.

L'auteur de *Zaïre* et de *Candide* sut être, on le voit, autre chose qu'un homme de lettres ; il mêla à tout son infatigable activité : industrie, politique, négoce, finances, agriculture ; il n'eut qu'un but dans cette multiplicité d'action, l'affranchissement des nations, tenues en tutelle par quelques milliers d'imposteurs. Remplacer sur toute la terre la superstition et le despotisme par la lumière et la justice, allumer dans les cœurs l'enthousiasme de la raison, telle devait être sa tâche. On le vit, pour la

mieux accomplir, se créer, au centre de
l'Europe, sans titre officiel , tous les droits
d'un monarque. Mais « le roi Voltaire »
employa sa puissance à éclairer les peuples, à protéger les faibles. Aussi , vers la
fin de sa vie, avait-il acquis une popularité
immense, dont lui-même, dans sa solitude
de Ferney, ne soupçonnait pas l'étendue. Il
voyait bien, par le nombre de voyageurs
illustres qui sans cesse venaient lui rendre
hommage, que sa gloire, avec les années,
n'avait fait que grandir ; mais il était loin
de savoir à quel point elle s'était propagée
en haut et en bas. Un mot de Turgot put
le lui apprendre ; on lui rapporta que le
célèbre ministre avait dit : « M. de Voltaire ne connaît pas ses forces. » Ce mot
étonna le vieux philosophe au fond de ses
montagnes ; la pensée lui venant dès-lors
de voir par ses yeux ce qu'il en devait
croire, il conçut le projet de revoir la
France avant de mourir. Il voulut appré-
cier par lui-même jusqu'à quel point s'était
fait dans les esprits ce changement dont
on lui parlait tant. Sans doute , l'élite de
l'Europe, dont il avait vécu entouré, favo-
risait de ses vœux et de son influence le
renouvellement de toutes les doctrines ;
mais le gros de la nation (qui à la longue

emporte tout, comme il le répétait sans
cesse) était-il aussi bien préparé? Voltaire
n'ignorait pas qu'il était en Europe la voix
de la réforme; il savait que sa personne était
devenue l'étendard de l'esprit moderne, mais
il voulait voir jusqu'à quel point ses idées
avaient été adoptées par le peuple, il voulait voir quel accueil lui serait fait maintenant chez ses compatriotes. Ses quatre-
vingt-quatre ans ne serviraient-ils pas de
sauf-conduit à la philosophie en sa personne, en cas qu'elle fût encore suspecte?
Sous le manteau du vieillard, ne pourrait-il
pas introduire le réformateur? Ne serait-il
pas possible, en effet, que, par soixante
ans de travaux, il eût acquis quelque autorité morale sur les Français?

D'autres raisons encore le poussaient vers
Paris : il venait de faire une tragédie nouvelle, *Irène*, et il était bien aise de s'entendre avec Lekain et d'en diriger les premières représentations. L'auteur de *Zaïre*
désirait un nouveau succès. « Voltaire, disait Diderot, a de la gloire pour un mil-
lion, et il en veut encore pour deux liards. »

Ajoutons ce dernier point, que le vieillard n'avait pas vu Paris, sa ville natale,
depuis près de trente ans, et qu'à vrai
dire il ne l'avait jamais habitée deux ans

de suite, depuis l'âge de vingt ans ; mais il y conservait de vieux amis qu'il désirait revoir. La ville elle-même lui tenait au cœur ; il aimait ses édifices, ses rues, ses jardins, ses quais. Mourrait-il sans revoir les rives de la Seine ? Sa famille l'excitait au départ. Mme Denis, malade et vieille, s'ennuyait à Ferney. Son nouveau gendre, le marquis de Villette, qui venait d'épouser la fille d'un gentilhomme du canton de Gex, Mlle de Varicourt (*Belle-et-Bonne*), adoptée par Mme Denis depuis quelques années, et devenue, comme Cornélie, quasi-fille de Voltaire, voulait aussi l'emmener à Paris.

Belle-et-Bonne, qu'il aimait d'un amour de grand-père, l'engageait de tout son cœur au départ ; Villette insistait, ses amis l'appelaient. Il partit donc, malgré les inquiétudes des habitants de Ferney et les remontrances de son vieux secrétaire Wagnière. La colonie tout entière conçut les plus sinistres appréhensions ; malgré ses promesses de n'être pas absent plus de six semaines, on prévoyait bien que, d'une manière ou d'une autre, ce voyage serait funeste au vieillard. Lui, au contraire, il semble radieux de rompre son exil, de revenir vers le pays natal.

9

Le marquis de Villette, sa jeune femme,
Mme Denis, plusieurs domestiques partent
d'avance... Deux jours après, le 5 février
1778, à midi, Voltaire monte en voiture
seul avec Wagnière. « Jamais, dit celui-ci,
je ne le vis si joyeux. » Il semblait qu'en
retrouvant Paris il allait retrouver ses
vingt ans. Etendu dans sa voiture, con-
struite en forme de dormeuse, il faisait à
Wagnière des contes à mourir de rire. En-
suite ils passèrent le temps à quelques lec-
tures, et, par intervalles, Voltaire dormait
du plus calme sommeil.

Il se proposait de voyager incognito, mais
dès le deuxième jour, ayant stationné à
Bourg, en Bresse, il fut reconnu, et la
foule en un instant entoura sa voiture avec
curiosité. La joie était marquée sur tous
les visages. Le maître de poste, apercevant
un mauvais cheval parmi ceux qui devaient le conduire, le fit remplacer par un
meilleur, et, le voyant partir, cria de
toutes ses forces au postillon : « Va bon
train, crève mes chevaux, je m'en f..., tu
mènes M. de Voltaire. »

Ce propos fit rire le vieux philosophe,
mais il fut surpris et touché de voir son
nom célèbre même parmi le peuple.

Cependant, la nouvelle du voyage de Vol-

taire s'était répandue de bouche en bouche, et ce voyage prenait les proportions
d'un événement public. Ouvrez à cette date
mémoires, correspondances, brochures, ga-
zettes, qu'y voyez-vous ? Le voyage à Paris
de M. de Voltaire. Les esprits sont dans
l'attente, comme s'il venait accomplir quelque grande révolution. Partout sur sa
route on sent que c'est un monarque qui
passe. Dès Dijon, le voici reçu, fêté par
les personnes de la première distinction.
Parmi ceux qui ne pouvaient être reçus,
les uns payaient les servantes d'auberges
pour qu'elles laissassent sa porte entr'ou-
verte ; d'autres voulaient s'habiller en
garçons d'hôtellerie pour le servir à son
souper.

Tout cela l'étonnait profondément : il
avait ignoré lui-même, dans sa solitude, jusqu'à quel point ses derniers écrits et le procès Calas avaient remué les âmes... Il commençait à croire au mot de Turgot.

Chose étrange ! celui que des magistrats
eux-mêmes félicitaient à son entrée dans
les villes était un exilé. Quelques personnes
disaient même que l'ordre allait lui être
envoyé de sortir du royaume ; cependant il
n'en avançait pas moins de triomphe en
triomphe ! La cour n'osa rien faire et pré-

texta que l'on n'avait pu retrouver aucune ordonnance qui l'exilât de France.

Le 10 février donc, à trois heures et demie, Voltaire descend à Paris, chez son gendre Villette. A l'instant même, le voici qui s'en va tout seul à travers la ville, à pied, surprendre son vieil ami d'Argental. Mais il ne le trouva pas et s'en revint chez Villette, où d'Argental à son tour était à l'attendre. Grande joie de se revoir après trente ans d'absence ! Les premiers épanchements passés, d'Argental apprend à Voltaire qu'on vient à l'instant même d'enterrer Lekain. Voltaire pousse un cri terrible à cette nouvelle ; on sait qu'il avait compté sur le célèbre acteur pour sa tragédie d'*Irène*.

La première visite reçue fut donc celle de d'Argental ; mais combien d'autres suivirent !

La France avait eu pour visiteurs, depuis quelques années, le roi de Danemark, le roi de Suède, l'empereur Joseph II, mais la présence d'aucun des augustes voyageurs n'avait excité une sensation comparable à celle qui se manifesta dès le premier moment du séjour de Voltaire : l'hôtel Villette, envahi au dehors et au dedans, était à peine accessible ; les comédiens, l'Académie vinrent lui rendre hommage ; la reine en-

voya son amie, Mme de Polignac ; les ministres, plusieurs évêques même se firent présenter. De toutes ces visites, la plus agréa-
ble à Voltaire fut celle de Turgot. C'est
avec lui qu'il put s'entretenir de l'état de la
France et s'assurer qu'une révolution sans
exemple s'était faite depuis trente ans dans
les esprits, qui tout-à-l'heure éclaterait dans
les institutions.

Franklin était alors à Paris ; il vint avec
son petit-fils, et, en présence de plus de
vingt personnes, le fit mettre à genoux devant M. de Voltaire, en demandant pour
lui sa bénédiction. Le philosophe étendit
les mains et prononça sur la tête du jeune
homme les paroles célèbres : « God and
liberty ! » puis, le relevant, l'embrassa tendrement. Cette scène inattendue et pleine
de dignité, cette admirable parole trouvée
tout-à-coup laissèrent une impression pro-
fonde chez tous ceux qui en furent témoins
Ils virent là le *patriarche* dans son vrai caractère, celui de pontife de l'humanité. Il
venait en effet de bénir cet enfant au nom
du seul principe fécond pour les peuples
modernes : « Dieu et la liberté ! »

Au milieu des hommages qui lui sont
rendus, Voltaire étincelle d'esprit, de verve,
d'à-propos. Tous le quittent enchantés. On

répète ses paroles, on les exalte. C'est le
souverain, le saint et le dieu du jour. Les
femmes en sont ravies.

« Que cet homme est charmant, écrit Mme
de Graffigny, mais qu'il me fait une peine
horrible ! Il était hier mourant, il n'a pas
laissé de venir faire répéter Clairon ; deux
fois sa voix s'est éteinte tout net, et, au
moyen de deux tasses de thé au lait, il a
repris la déclamation, et nous a tous fait
pleurer, jusqu'aux Anglais. Je ne connais
pas une complaisance qui puisse se compa-
rer à la sienne... Nous pendons demain le
crémail à souper avec Voltaire, s'il ne
meurt pas d'exténuement aujourd'hui ; l'é-
tat de consomption où il est me touche,
comme s'il était mon ami de vingt ans (1). »

(*Lettre inédite.*)

(1) M. Clogenson nous fait observer avec raison
que cette lettre de Mme de Graffigny ne peut s'appli-
quer au dernier voyage de Voltaire à Paris : cette
dame était morte alors. C'est d'un autre voyage
qu'il est question, celui de 1750, époque où Voltaire, quoique très malade, dirigea les répétitions
de sa tragédie d'*Oreste.* On constate, en effet, dans
sa *Correspondance,* qu'il vit pendant ce voyage
Mme de Graffigny.

Nulles traces de l'âge cependant, ni dans l'esprit, ni dans le caractère ; charmant surtout avec les femmes, il était encore à quatre vingt-quatre ans, dit Wagnière, d'une amabilité et d'une politesse unique et enchanteresse ; il semblait retrouver les grâces de l'adolescence ; c'étaient les propos les plus fins, les plus agréables.

M. Clogenson possède un portrait du philosophe à quatre-vingt-deux ans. Tout est expliqué par cette figure unique : sentiments divins mêlés de mouvements de malice et de ruse ; plus de matière : c'est un esprit pur, une flamme. On cherche le visage, il n'y en a plus, mais quels yeux ! Le corps (si corps il y a) est si faible, si près, ce semble, de tomber en ruines, qu'on retient devant lui son souffle, de peur de le briser : et cependant ce pauvre cadavre, tout emmitouflé de fourrures, coiffé jusqu'aux sourcils d'une immense toque de velours, affaissé et tremblottant, est encore plein de grâce.

Voyez en effet quel charme dans ses œuvres d'alors ! quel esprit enchanteur ! quel limpide et harmonieux langage !

> Eh ! quoi ! vous êtes étonnée
> Qu'au bout de quatre-vingts hivers,
> Etc.

La vieillesse chez Voltaire paraît un âge enchanté. La vie n'est pour lui qu'une ascension permanente vers les joies éternelles.

Nous avons vu dans la lettre de Mme de Graffigny qu'il dirigeait les répétitions d'*Irène*, donnant lui-même l'intonation aux acteurs et déclamant avec force les principaux passages, souvent même la pièce entière. Les efforts qu'il fit dans cette circonstance, joints aux conversations qu'il soutenait du matin au soir, et même fort avant dans la nuit, la fatigue de se tenir debout, l'animation, la joie même de se voir ainsi accueilli dans sa patrie, ne tardèrent pas à triompher de ses forces : ses jambes enflèrent, il cracha le sang abondamment, et, dans le même temps, fut atteint d'une strangurie (difficulté d'uriner). Le voilà donc au lit ! Le bruit de sa mort, rapide comme la foudre, se répand dans Paris. Il n'en était pas là cependant. Rien d'alarmant ne se présentait encore ; mais, dans ces circonstances, tout s'exagère : on le disait à l'agonie, et les journaux l'imprimèrent.

A la nouvelle de sa maladie, les prêtres arrivent. Déjà l'on parlait, s'il ne se confessait, de jeter son corps à la voirie. Un abbé Gauthier fut enfin introduit. Cet abbé Gauthier était un terrible homme : il ve-

nait de convertir l'abbé de L'Atteignant et
l'abbé de Villemesens. Un homme qui avait
converti tant d'abbés devait vraisemblablement tout convertir Il ne s'agissait, disait-
il, que d'une petite conversation. Trois
personnes se trouvaient en ce moment dans
la chambre du malade : son neveu, l'abbé
Mignot ; le marquis de Villevieille et
Wagnière.

Voltaire, qui n'était point du tout à l'a-
gonie et causait très bien, voulut que la
petite conversation eût lieu en présence de
ces messieurs. L'abbé Gauthier demanda à
rester seul avec M. de Voltaire. Wagnière,
l'abbé Mignot et le marquis de Villevieille
se retirèrent. Wagnière, qui était protestant et qui avait en horreur les petites
conversations avec les prêtres catholiques,
écouta à travers la porte très mince et en-
tendit qu'en effet ils causaient. L'abbé priait
tout bonnement M. de Voltaire de lui écrire
et de lui signer un petit papier. Comme il
s'agissait de n'être pas jeté à la voirie, Voltaire consentit volontiers à faire quelque
chose. Il appela Wagnière, demanda de
l'encre et écrivit une déclaration dans laquelle il était dit « qu'il voulait mourir dans
la religion catholique, où il était né ; qu'il
demandait pardon à Dieu et à l'Eglise, s'il

avait pu les offenser. » Il accompagna ce papier d'un billet de six cents livres pour les pauvres de la paroisse Saint-Sulpice.

L'abbé était loin d'être satisfait de cette déclaration un peu vague ; il crut néanmoins, pour ce jour-là, devoir s'en contenter, et pria doucement le malade de consentir à une petite cérémonie : il ne s'agissait que de la communion. Voltaire répondit :

« Monsieur l'abbé, faites attention que » je crache continuellement du sang ; il » faut bien se donner de garde de mêler » celui du bon Dieu avec le mien. »

L'abbé comprit que le malade conservait encore tout son esprit, et il se retira.

Cependant, quelques jours plus tard, Voltaire se trouva décidément mal ; il se crut lui-même à sa dernière heure. Il demanda de nouveau du papier à Wagnière (étant seul avec lui), et fit cette déclaration spontanée, où il mit vraiment la dernière et l'unique pensée de sa vie :

« Je meurs en adorant Dieu, en aimant » mes amis, en ne haïssant pas mes enne- » mis et en détestant la superstition.
» 28 février 1778. »

Et il signa.

Cependant il ne mourut point. On le vit bientôt reprendre le travail et s'occuper des répétitions de sa tragédie d'*Irène*. Trop faible pour assister au premières représentations, il se fit rendre compte d'acte en acte de l'effet produit par tels et tels passages; il s'informait surtout de l'accueil fait à ses vers sur Dieu, et, quant il sut qu'on les avait applaudis, il fut content. Ceci contribua même à le rétablir plus vite, et il se résolut bientôt d'assister à une séance publique de l'Académie.

Le 30 mars était le jour indiqué pour cette séance. Tout Paris sut que M. de Voltaire allait à l'Académie. Les rues où il devait passer se trouvèrent encombrées de bonne heure et les fenêtres garnies. Les plus intrépides vont s'entasser, pour le voir sortir, à la porte de l'hôtel Villette. L'empressement était d'autant plus vif, que, pendant quelques jours, le bruit de sa maladie et même de sa mort s'étant répandu, on avait désespéré de le voir. Il fallait donc se hâter, profiter de cette occasion vraisemblablement la dernière.

Qu'on se figure l'émotion de la foule lorsque ce mot, répété par des milliers de voix, fut transmis jusqu'aux portes de l'Académie : « Le voici ! »

Enveloppé de la tête aux pieds dans un vaste manteau d'hermine, doublé de velours rouge (présent de l'impératrice de Russie), on ne distingue que ses deux yeux au fond de sa voiture, peinte en azur et parsemée d'étoiles d'or. Mais ces deux yeux brillants électrisent la foule : le génie de la France brille dans ce regard. Le voici donc ! Sa voiture peut à peine avancer au milieu de la foule. On se précipite aux portières, on baise ses mains, son manteau, ses chevaux. Quelques-uns montent sur sa voiture Une pauvre femme se fait jour en criant : « Je veux voir le sauveur des Calas. » Aussitôt cette acclamation retentit mille fois répétée : « Vive le sauveur des Calas ! » C'était le cri du peuple. Mais la foule augmente ; quel est ce cortége ? C'est l'Académie qui vient en corps au-devant de lui, entourée de l'élite littéraire de la nation. On le reçoit aux cris de : « Vive l'auteur de *Zaïre* ! vive *la Henriade* ! vive *Mérope* ! vive *l'Essai sur les Mœurs* ! » Toutes ses œuvres étaient tour à tour rappelées et applaudies ; mais le gros du public s'en tenait à son cri : « Vive le sauveur des Calas ! »

Wagnière et le marquis de Villette le soutinrent pour monter à l'Académie ; on le conduisit au siége du directeur, et son por-

trait, entouré de fleurs, fut placé au-dessus
de son fauteuil. L'élite de l'Europe était ac-
courue là ; Franklin s'y trouvait, on alla le
prendre dans la salle pour le faire asseoir
à côté de Voltaire. Lorsque les deux vieillards se saluèrent, ce fut une acclamation
immense. Les deux plus célèbres représen-
tants de la liberté sur la terre comprirent
le vœu de la foule, ils s'embrassèrent... De
semblables moments ne se peuvent point
peindre. Disons seulement que les témoins
de cette scène ne l'oublièrent jamais.

Voltaire avait promis d'assister le même
jour à la sixième représentation d'*Irène*. Il
y eut un tel embarras de carosses et de
peuple aux environs du théâtre, qu'il fallut des gardes pour lui ouvrir un passage
pendant que mille voix répétaient à l'envi :
« Place à Voltaire ! » La salle du théâtre avait
été, au dehors et au dedans, magnifique-
ment illuminée, et ornée çà et là d'inscrip-
tions tirées des principaux passages de ses
tragédies. La loge des gentilshommes de la
chambre, richement décorée, devait le recevoir. Mme Denis et Mme Villette sont déjà
placées, la salle est comble, et le parterre,
« dans les convulsions de la joie, » dit un
contemporain, attend l'arrivée du poëte.

Il paraît enfin. L'auditoire entier se lève
comme un seul homme et le salue. Les

battements de mains, les vivats, les trépi-
gnements, les exclamations de joie ne peuvent s'arrêter. La France paie au poëte, en
un seul jour, soixante ans de plaisirs, et
donne un libre cours à sa reconnaissance
envers le défenseur de tant d'opprimés. Par
intervalles, le vieillard levant le bras pour
essuyer ses larmes, on croyait qu'il allait
parler, et il se faisait des silences profonds.
Ce fut dans un de ces moments que des
milliers de voix s'écrièrent : « Qu'on lui
porte une couronne ! » alors ce n'est plus
qu'une tempête de cris où l'on ne distingue
que ces mots : « La couronne ! la couronne ! » Un acteur aimé du public et ap-
laudi dans les rôles de pères nobles, le bon
Brisard, s'avance pour couronner Voltaire.
Celui-ci refuse longtemps un honneur jusqu'ici sans exemple ; mais ce cri part de
tous les points de la salle : « C'est le public
qui l'envoie. »

« Les transports d'allégresse continuèrent
presque sans interruption l'espace de quatre heures, dit un témoin oculaire, et se
varièrent en cent façons. Chaque spectateur
exprimait son plaisir à sa manière : les uns
l'exhalaient par : « Vive Voltaire ! vive So-
phocle ! vive notre Homère ! » les autres
exprimaient leurs hommages en criant :

« Honneur à l'homme unique ! honneur au philosophe qui apprend à penser ! » Il était des moments où l'on n'entendait que le bruit confus de mille voix qui s'écriaient : « Gloire à l'homme universel ! »

Ce fut de lui que l'on vint prendre l'ordre de commencer, honneur qui ne s'était jamais fait qu'au roi.

« Pendant la représentation d'*Irène*, dit l'écrivain précité, le public, entraîné comme malgré lui par le désir de le posséder et se livrant sans réserve au sentiment de son admiration, interrompit plusieurs fois les acteurs pour crier : « Gloire au défenseur des Calas ! gloire au défenseur de Sirven et de Montbailly ! » Dans l'excès de la joie dont tous les cœurs étaient pleins, les uns versaient des larmes d'attendrissement, tandis que d'autres, debout dans leurs loges et dans les transports de l'ivresse commune, levaient les mains vers lui, comme vers un être qu'on révère et qu'on invoque.

» Celui qui décrit cette scène était présent. Il s'était rendu au spectacle, non pour voir Voltaire : c'était un plaisir qu'il lui était permis de goûter quelquefois ; non pour l'applaudir, sa voix eût été perdue dans la foule, mais uniquement pour être témoin de l'impression que la présence du grand

homme devait faire sur l'élite de la nation,
et tandis que tous les yeux étaient avide-
ment fixés sur lui, ceux de l'historien par-
couraient toutes les attitudes, observaient
toutes les physionomies, et il avoue qu'il
n'en vit aucune qui ne portât l'empreinte
d'une âme ivre de plaisir. »

Et pourtant tout cet enthousiasme s'aug-
menta encore après que l'on eût achevé, au
milieu des applaudissements, la représentation ; il y eut alors une scène aussi inattendue
des spectateurs que de Voltaire lui-même.
Le rideau baissé se relève tout à coup
pour laisser voir une décoration splendide
au milieu de laquelle apparaît sur un pié-
destal la statue de Voltaire couronnée. Les
acteurs, rangés en cercle, l'entourent, tenant dans leurs mains des palmes et des
guirlandes. Aussitôt de joyeuses fanfares
de voix et d'instruments se font entendre.
C'est l'apothéose du grand homme présent
pour en jouir lui-même, à quatre-vingt-
quatre ans, au milieu de ses contemporains !
Mais attendez ! la symphonie a cessé. Une
actrice (c'est Mme Vestris) s'avance sur le
bord du théâtre, un papier à la main ; pleine
d'émotion et de grâce, elle adresse au patriarche ces vers, improvisés pendant la représentation d'*Irène*.

Aux yeux de Paris enchanté,
Reçois en ce jour un hommage,
Que confirmera d'âge en âge
La sévère postérité !
Non, tu n'as pas besoin d'atteindre au noir rivage
Pour jouir des honneurs de l'immortalité :
Voltaire, reçois la couronne
Que l'on vient de te présenter ;
Il est beau de la mériter,
Quand c'est la France qui la donne !

Tous les acteurs aussitôt déposent, en s'inclinant, leurs palmes aux pieds de la statue. L'enthousiasme était tel, qu'une actrice alla jusqu'à la baiser, et tous les autres l'imitèrent. La plupart des spectateurs, dit-on, étaient en larmes. Quant à Voltaire, il ne répétait que ces mots : « On veut me faire mourir de plaisir. » Il ne voyait pas seulement son triomphe dans tous ces hommages, il voyait le triomphe de la philosophie, de la raison et de la justice. Ces honneurs il les recevait avec joie, moins pour lui que pour la cause sacrée qu'il avait défendue.

Quand tout fut fini, quand il fallut se séparer du vieillard, sans doute pour ne plus le revoir, l'attendrissement fut au comble :

« Il fut obligé pour sortir, dit M. de Condorcet, de percer la foule entassée sur son passage : faible, se soutenant à peine, les gardes qu'on lui avait donnés pour l'aider lui étaient inutiles ; à son approche, on se retirait avec une respectueuse tendresse ; chacun se disputait la gloire de l'avoir soutenu un moment sur l'escalier ; chaque marche lui offrait un secours nouveau, et on ne souffrait pas que personne s'arrogeât le droit de le soutenir trop longtemps. »

Les spectateurs suivirent sa voiture aux cris de : « Vive Voltaire ! » jusqu'à sa rentrée à l'hôtel Villette. Lorsqu'il en descendit, dans la cour, on se précipitait à ses pieds, on baisait ses vêtements, dit encore Condorcet ; et il ajoute : « Jamais homme n'a reçu des marques plus touchantes de l'admiration, de la tendresse publique ; jamais le génie n'a été honoré par un hommage plus flatteur. Ce n'était point à sa puissance, c'était au bien qu'il avait fait que s'adressait cet hommage. Un grand poëte n'aurait eu que des applaudissements, les larmes coulaient sur le philosophe qui avait brisé les fers de la raison et vengé la cause de l'humanité. »

Voltaire pouvait désormais sans crainte attendre la mort : il avait reçu le viatique des grands cœurs ; sa tâche était accomplie.

Cependant il se remet à l'œuvre. Malade, exténué de faiblesse, il ne songe point au repos ; il sait que le travail est la santé de l'âme; il s'éteint physiquement, mais son action morale n'en est point ralentie. De corps il semblait réellement détruit. Comment vivait-il ? C'était un miracle. Aussi la vue seule de l'inconcevable vieillard faisait du bien. Je ne sais quelle allégresse, quelle èspérance infinie s'empare de tous ceux qui l'approchent : une bénédiction s'est répandue sur eux ; ils ont vu en l'homme quelque chose d'indestructible. Enfants, vieillards, peuple, savants, fous et sages, tous, dès qu'ils l'ont aperçu, entonnent un chant de triomphe. La seule présence du patriarche eut une action incalculable sur la génération naissante ; elle eut pour résultat de douer toute une grande nation. Que d'âmes, en effet, puisèrent dans son regard une étincelle du feu sacré qui devait éclore quelques années plus tard ! On ne peut dire ce que son voyage à Paris valut à la France et au monde. Ce sont là les mystères de l'histoire.

Après un tel triomphe, il comprit très bien qu'il n'avait plus qu'à disparaître, qu'à retourner dans sa solitude. Mais ce n'est pas sans regrets qu'il consent à s'éloigner de ces lieux où s'est passée son enfance, lieux désormais sacrés pour lui. Il faut partir cependant, il le sent, ne fût-ce que pour mourir en paix : à Ferney, aux portes de Genève, il ne sera point tourmenté par les prêtres à

ses derniers moments. D'ailleurs sa colonie
le rappelle, il lui vient de Ferney des sup-
plications chaque jour plus pressantes. Ses
colons lui proposent de venir le chercher,
de le remporter eux-mêmes sur leurs épaules
dans une petite chambre-brancart. Il promet
chaque jour et se dispose au départ; mais
il s'attendrit à la pensée de ne plus revoir
la ville de ses triomphes. C'est dans ce moment de touchante mélancolie qu'il écrit ses
Adieux, dédiés à son gendre Villette (les
derniers vers qu'il ait composés):

Des Champs-Elyséens, adieu, pompeux rivage,
De palais, de jardins, de prodiges bordé,
Qu'ont encore embelli, pour l'honneur de notre âge,
Les enfants d'Henri IV et ceux du grand Condé.

Combien vous m'enchantez, Muses, Grâces nou-
    Dont les talents et les écrits   [velles,
    Seraient de tous nos beaux esprits
    Ou la censure ou les modèles!
Que Paris est changé! les Welches n'y sont plus.
Je n'entends plus siffler ces ténébreux reptiles,
Ces tartufes affreux, ces insolents zoïles.
J'ai passé: de la terre ils étaient disparus.
Mes yeux après trente ans n'ont vu qu'un peuple
                             [aimable,
Instruit, mais indulgent, doux, vif et sociable;
Il est né pour aimer. L'élite des Français
Est l'exemple du monde, et vaut tous les Anglais.
De la société les douceurs désirées
Dans vingt Etats puissants sont encore ignorées.
On les goûte à Paris; c'est le premier des arts.

Peuple heureux ! il naquît , il règne en vos
[remparts.
Je m'arrache en pleurant à son charmant empire.
Je retourne à ces monts qui menacent les cieux ,
A ces antres glacés où la nature expire.
Je vous regretterais à la table des dieux.

Il allait donc partir ; mais son quasi-
gendre, mais Mme Denis, mais Belle-et-
Bonne, enivrés de la gloire que sa présence
à Paris fait rejaillir sur eux, insistent pour
qu'il reste encore. Villette, devenu lui-
même un poëte éloquent au milieu de cet
enthousiasme universel, lui remet un matin ces vers qui aussitôt circulent dans
tout Paris , et ne sont qu'un écho de la voix
publique :

Quand la ville et la cour vous offrent leur hom-
[mage ,
Et qu'un peuple enchanté vous porte dans ses bras ;
Quand vous voyez devant vos pas
Le respect et l'amour peints sur chaque visage ;
Quand des pleurs de tendresse échappés de nos
Ont arrosé votre passage : [yeux
Vous voulez nous quitter ! et vous fuyez ces lieux
Où l'on adore votre image !
Le Français, autrefois, si léger, si volage,
Cesse de l'être en vous aimant.
Heureux législateur de ce peuple charmant,
Ainsi que ses plaisirs, ses mœurs sont votre ou-
Oui , vous avez changé Paris ; [vrage.
Couronné, soixante ans, des mains de Melpomène,
Par vos chefs-d'œuvre sur la scène,

Vous avez, soixante ans, éclairé les esprits.
De tous côtés la gloire vous assiége ;
Mais l'amitié pour vous n'a-t-elle point d'attraits?
Maître de tous les cœurs , ah ! restez à jamais
Au milieu d'un si beau cortége.
Les Welches d'autrefois sont devenus Français ,
Ces changements sont grands, mais c'est vous qui
Soyez témoin de vos succès,   [les faites.
Et jouissez de vos conquêtes.

Il différa de quelques jours encore et se remit au travail; mais la fièvre revint terrible.

Le 28 mai , comme il était très mal , le curé de Saint-Sulpice se présente, et il essaye fièrement d'entamer une controverse avec le moribond :

— Reconnaissez-vous , lui crie-t-il d'une voix bruyante , la divinité de Notre-Seigneur Jésus-Christ ?

Le malade fait un effort suprême et répond :

« Au nom de Dieu, ne me parlez pas de cet homme-là (1). » Le curé insiste : « Laissez-

_____

(1) Voltaire a dit toute sa pensée sur Jésus, et l'a dite en termes magnifiques au mot *Religion* du *Dictionnaire philosophique* ;

« .... Je vis un homme d'une figure douce et simple , qui me parut âgé d'environ trente-cinq ans... »

On a écrit très peu d'aussi belles pages sur le Christ que celles dont nous ne citons ici que les premières lignes.

» moi mourir en paix ! » dit le vieillard en
levant le bras. Et sa main, retombant sur
la tête du prêtre (cet incident fut très remarqué), fait rouler sa calotte par terre. Celui-
ci la ramasse, la secoue et sort. Il ne repa-
rut plus. Il alla publier parmi ses confrères
que le philosophe de Ferney était mort
comme un impie, mais qu'il ferait jeter
son cadavre à la voirie.

Cependant Voltaire conserva encore sa
raison quelques heures. Il entretenait doucement ses amis; mais le délire vint bientôt; il croyait voir le regard haineux des
fanatiques; il répétait à sa nièce, au milieu
de paroles entrecoupées : *Ma pauvre enfant, ils
jetteront mon cadavre à la voirie !* Après quelques heures d'agitation, il resta immobile et
silencieux. Sa famille et ses amis atterrés en-
touraient son lit, s'attendant à le voir expirer; ils admiraient cependant, à ce moment
suprême, la beauté de ses traits et je ne sais
quel rayon d'enthousiasme qui brillait encore dans son regard. Mais quelqu'un
entre : on vient annoncer de la part de M.
Lally fils, à M. de Voltaire, s'il en est temps
encore, *la réhabilitation de son père.* Le mourant, à ces mots, donne un signe de vie et
de joie, une larme brille dans ses yeux; il
se fait apporter une plume et un peu de papier; on lui soulève la tête, et de sa main,

déjà glacée par le froid de la mort, il trace
ces mots :

*Le mourant ressuscite en apprenant cette grande
nouvelle ; il embrasse tendrement M. de Lally ;
il voit que le roi est le défenseur de la justice ;
il mourra content.*

Content, ce fut le dernier mot que cette
main traça, et ce mot voulait dire : *l'humanité triomphe.*

Il mourait *content !* ce fut le fruit de cette
vie, consacrée tout entière au bonheur des
hommes.

Il mourait *content !* mais ses ennemis
étaient saisis de rage. Une réunion secrète
d'évêques eut lieu, dans laquelle quelques-
uns proposèrent, comme l'avait dit le curé,
de jeter son cadavre à la voirie.

Voltaire respirait toujours ; mais depuis
le billet à M. de Lally, il était retombé
dans l'accablement et le silence... Pourtant il prononça encore ces paroles, en
pressant la main de son valet de chambre :
Adieu, mon cher Morand, je me meurs ; et le
30 mai 1778, à onze heures un quart du soir,
il expira. Il était âgé de quatre-vingt-quatre
ans et trois mois.

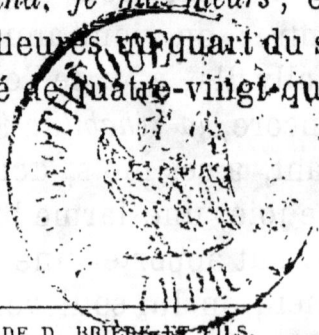

ROUEN. — IMP. DE D. BRIÈRE ET FILS.